U0005467

心 靈 樹 卡

占 卜 · 療 癒 · 靜 心

Tree of Souls
Healing Energy Cards

知名心靈作家 · 靈氣師父

Prem Abha

鄭栗兒

著

（本卡僅適用於個人療癒，專業占卜療癒師請以能量卡操作）

好 讀 出 版

目次 CONTENTS

前言

成為自己的樹 文／鄭栗兒 6

第一部
如何操作本卡，以及 6 種牌陣

牌卡的啟動及使用方法 10

1 張卡

此刻的洞見與支持、靜心冥想和需要的療癒能量 12

3 張卡

過去、現在、未來；明白過去，回歸當下，前進未來 13

4 張關係卡

與家人、伴侶、同事、朋友的能量關係 14

重新出發的
順時針森林排法 & 冥想

掌握生命方向 16

1+3 卡

問題的呈現與洞見 17

3 張愛人療癒卡

療癒親密關係 19

目次 CONTENTS

第二部
牌卡意涵與解說

01 榕　樹　　包容、守護　24

02 松　樹　　無懼、勇者　26

03 櫻　花　　灑脫、投入　29

04 柏　樹　　健康、青春不老　32

05 杉　樹　　挺直、迅速　35

06 樺　樹　　承受力、堅硬　37

07 梅　花　　冷靜、堅定　40

08 桃　花　　友誼、貴人　42

09 木　棉　　英雄、真實的感受　44

10 白千層　　脫落、釋放　46

11 油桐樹　　純真、生命力　48

12 樟　樹　　清醒、驅除障礙　50

13 檜　樹　　安定、永恆　52

14 蘋果樹　　豐盛、開心　54

15 楓香樹　　高貴、優雅　56

16 楓　樹　　詩意、浪漫　58

17 南洋杉　　自在、突出耀眼　60

18 椰子樹　　度假、放鬆　62

19 棕櫚樹　　療癒、能力　64

20 羊蹄甲　　前進、神性　66

目次 CONTENTS

21 合歡樹　　喜悅、隨喜　68

22 鳳凰木　　熱情、展現　70

23 木麻黃　　面對挑戰、空間　72

24 菩提樹　　覺知、開悟　74

25 銀杏樹　　意識、第三眼　76

26 桂　樹　　隨和、隨緣　78

27 欒　樹　　轉變、光明　80

28 柳　樹　　柔軟、放下身段　82

29 黑板樹　　給予、付出　84

30 小葉欖仁　敞開、打開內心　86

31 竹　子　　謙虛、脫俗　88

32 相思樹　　愛情、想念　90

33 玉蘭樹　　溫柔母性、撫平情緒　92

34 山茶樹　　自信、信任　94

35 麵包樹　　物質、滿足　96

36 茶　樹　　禪、一期一會　98

37 福　樹　　大方、福氣　100

38 橄欖樹　　淨化、復甦　102

39 流　蘇　　潔白、靈性　104

40 筆筒樹　　飛躍、揚昇　106

0 黃金樹　　成為自己、終極的追求　108

成為自己的樹

鄭栗兒

　　在瑜伽鍛鍊中，有一段我很喜歡的冥想靜心，那就是樹的靜心。閉上眼睛，雙腳與肩同寬站立，脊椎挺直，深深地吸一口氣，吐氣，全身放鬆，想像自己是一棵樹，一棵巨大的樹，感覺自己的腳底與大地連結，感覺自己就像一棵樹一樣茁壯，和大自然合為一體，接受陽光、空氣和水的滋潤，感覺風吹來，樹身輕輕搖曳、晃動……。

　　每一次做完樹的冥想靜心後，我就得到更多的能量，更平靜，也更清晰而客觀去看待做為一個人所面臨的種種問題，在成為一棵樹時，那些問題都不那麼重要了，也不那麼具有影響力，去左右我的意志，讓我掉落在凝滯黏膩的負面狀態，輕輕一揮，那些困擾也就隨風而散了。

　　在我過去所寫的書中，曾經提過關於樹的意義。其中一則美麗而迷人的傳說，更是打動我的心，讓我一說再說。

　　英國南威爾斯盛行一則古老的神祕傳說，假如你的身體久病未癒或一直健康欠佳，那麼當地的老人就會叫你去森林裡，尋找一棵你第一眼就看中的大樹，然後張開雙手用力地抱住它，內心虔誠地向它祈求：「請你成為我的兄弟吧。」再將耳朵貼在樹幹上，傾聽樹的呼吸和水流過枝幹的聲音，與它分享心中的祕密，並感受那一份愛的交流，當你這麼做時，很快身體就會恢復健康。

　　在靈氣三階時，我們也學習一個和樹的能量交流的有趣方法，到戶外的公園或森林，找一棵你看中意的樹木，任何樹都可以，只要你喜歡就行，有時不同樹木的不同振動，在某一刻會吸

引你。有時是輕盈的能量，有時是厚實的能量，視你所需而定。可以背靠著或正面擁抱，這個靜心是清理脈輪能量很好的方式，也有助於提升生命活力。

這世界因為樹的存在，使我們更懂得大自然的奧祕和天地運行的道理，在任何季節 —— 春天的和風、夏日的朝陽、秋季的冷霜或是冬天的寒雪，樹木總是沉默地接受大自然所給予的任何安排，它們也以各自的生命力茁壯成長，乃至費了數十年、數百年、數千年的時光而成為一棵龐大的巨樹神木。

我也深信每一個人都有一棵屬於自己的樹。當我們找到屬於自己的樹，並與它的能量連結，重新回到種子的身分，再次茁壯成長，透過這一份滋養與支持，可以使生命擁有不一樣的視野，也會改變身體和心靈的波動，朝往更美妙的方向而去。

在阿芭光之花園第一年初創時，我就設計一套結合瑜伽體位法的「種子成長與樹的靜心」，做為靜心課程及個案療癒的其中一環。許多面對心靈無出口及陷入生活困境的朋友們，非常喜歡這堂課程，因為它帶領大家重新再活一次，重新連結欠缺的勇氣和力量，再度勇往直前，踏上新生。

奧修師父在他的靜心教導中，對於變成一棵樹的靜心指引，有一段非常棒的教導：「認為自己是一棵樹的感覺，會讓你大為茁壯，備受滋潤。你能輕易地進入最原始的意識狀態，這種意識也是樹木所擁有的，與它說話，擁抱它。」

重點在於，保持能量流動，像樹一樣。當風來時，它起舞，當風停時，它靜默了。我們往往陷入低潮，或者能量卡住時，就是因為我們僵硬了，能量無法流動了；被人的世俗與價值固化了，所以變得僵硬而無法流動。

信念創造實相，或者說萬法唯心造，當我們成為一棵樹時，

我們就可以接引更多來自自然法則，來自宇宙本源的生命能量，使我們可以自然流動，而不受束縛，不再卡住。握住這把鑰匙，以後每當又陷入問題的漩渦時，或者能量再度卡住時，你都可以迎刃而解，隨時打開心門，讓自己再度流動起來。

信念，帶領我們創造了生命存在的實相，雖然實相並非真相，但我們可以運用信念讓自己活得愈來開心，愈來愈豐盛，愈來愈美好，也愈來愈成為光和愛。

當我決定創作這一套心靈樹卡，我也得到來自高我的協助與肯定，我深信這一套結合禪意、占卜、靜心及宇宙洞見的奇妙樹卡，將具有獨特的心靈療癒力量，一如南威爾斯的神祕傳說一般，期待你找到自己的樹，也成為一棵無與倫比的大樹。

Part One
第一部

如何操作本卡
以及6種牌陣

這既是一副占卜卡，

也是一副靜心禪卡，

更是擁有大自然療癒力量的

能量療癒卡。

它不僅僅具有

預測卜算的功能而已，

更能呈現你此刻的內在狀態，

給予啟發的洞見。

牌卡的啟動及使用方法

這是一副什麼樣的牌？

　　這既是一副占卜卡，也是一副靜心禪卡，更是擁有大自然療癒力量的能量療癒卡。它不僅僅具有預測卜算的功能而已，更能呈現你此刻的內在狀態，給予啟發的洞見，同時配合每張樹卡本身所具有的能量特質，提供您所需要的生命能，讓您得到療癒的品質。

牌卡用途與提醒

　　這副牌只屬於一個人，所以請不要借別人使用，你可以幫自己占卜，也可以為別人占卜，但是如果你拿來做為商業用途，是不被允許的，商業用途部分必須運用《心靈樹卡》的專業能量療癒卡，也必須通過兩階段專業占卜療癒師的課程訓練，才能擁有最究極真實的療癒力（注）。

啟動牌卡

　　一開始拿到這副牌時，啟動的方法很簡單，左手握著牌，再用右手手指輕敲三下，然後雙手合十，將整副牌握在手中，內心做一個祈請，默唸三次：「請求大自然賦予這副《心靈樹卡》光與愛的力量。」接著把它放在胸前的正心輪，閉上眼睛，和它連結3到5分鐘，這樣就完成啟動的儀式了。

　　當你使用時，桌面一定要清理乾淨，可以的話，擺放白水晶球也很棒。占卜前請將牌洗乾淨，在洗的同時，感覺森林的能量，慢慢地甦醒過來，透過你的手，為這副牌注入光與愛的力

量，想像一大片充滿活力、蓬勃朝氣的美麗森林，正在你面前慢慢打開。在洗牌的同時，也慢慢將自己的心沉澱下來，保持在平靜、放鬆而專注的狀態，配合放點輕柔的靈性音樂更助於靜心，抽卡的品質也會相對提升。

　　當你覺得已經可以了（你會知道什麼時候是可以的），你就停下來，把牌聚攏成疊，然後展開來呈現扇子的形狀；如果是為別人占卜，請在把牌聚攏成疊時，邀請對方切牌，隨便切幾次都沒關係，直到他覺得可以了。抽牌時，請用左手抽牌，左手屬於直覺的，也是接收能量的手，翻牌後，你可以參考後面的牌卡解說，也可以運用直覺來解釋牌意。

接收能量

　　如果你要接收樹卡的能量，以平衡自己的身心靈，可以將抽出來的樹卡放在你的枕頭下方或隨身攜帶２１天，２１天是過去、現在、未來的更新與淨化期，一個好的習慣保持２１天就能維持，這２１天內建議每天都可以寫日記或記錄夢境，你將有不可思議的事情發生。

　　準備好進入心靈樹卡神奇的世界了嗎？現在就出發吧！祝福你擁有一趟美好的森林療癒旅程。

Love from Abha

鄭栗兒

注：《心靈樹卡》專業占卜療癒師培訓課程內容，請參考「阿芭光之花園」網站，或在臉書ＦＢ搜尋「鄭栗兒」，亦可聯絡lio0513@gmail.com

≫ 1 張卡 ≪
此刻的洞見與支持、靜心冥想和
需要的療癒能量

　　以直覺抽取1張牌，做為此刻問題的解決洞見，或是當下的靜心主題，以及身心靈所需的療癒能量。

　　如果需要接引這個能量支持自己，可將抽出的樹卡放在心輪（注）3到5分鐘，連結樹卡能量，並將樹卡放在枕頭下方或隨身攜帶連續21天。

注：心輪：胸部正中、兩乳之間的位置。

❧ 3 張卡 ❧

過去、現在、未來；
明白過去，回歸當下，前進未來

1	2	3
過去	現在	未來

　　以直覺抽取3張牌，做為解釋因果的洞見，先抽1張牌代表過去，放在最左邊；再抽1張牌代表現在，放在中間；最後抽出1張牌，代表未來，放在最右邊，未來的這張牌非常重要，它代表需要調整與改變的建議，它不僅僅呈現一個結果，更是一個指引的方向。

　　如果你需要這個引導的能量，可以將抽到的「未來」這張樹卡，放在心輪3到5分鐘，連結能量，並將它放在枕頭下方或隨身攜帶連續21天。

≥ 4 張關係卡 ≤
與家人、伴侶、同事、朋友的能量關係

1
自己提供的能量

2
對方提供的能量

3
彼此交會的能量

4
新的可能

　　以直覺抽取 4 張牌，做為一個解釋彼此關係的洞見與調整的建議。先抽 1 張牌放在 1 的位置，代表自己在這關係上提供的能量；再抽第 2 張牌放在 2 的位置，代表對方在這關係上所提供的能量；再抽第 3 張牌放在 3 的位置，代表彼此交會的能量；最後抽一張牌，放在 4 的位置，代表未來需要調整與改變的建議，為彼此的關係提供一個新的可能和指引的方向。

同樣的，如果你需要這個引導的能量，可以將抽到的第４張樹卡，放在心輪３到５分鐘，連結它的能量，並放在枕頭下方或隨身攜帶連續２１天，你將發現和對方的關係有新的改變。

※你也可以抽一組三人的關係卡（如底下圖所示）。

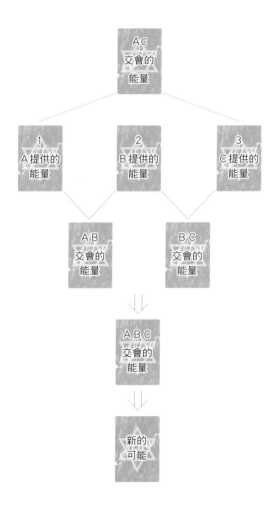

重新出發的
順時針森林排法&冥想
掌握生命方向

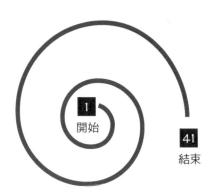

　　將所有的４１張樹卡牌洗好後，以順時針方向，排成一個漩渦狀，並冥想一個巨大的森林慢慢在眼前形成，感受整座森林的寧靜與清澈能量，慢慢向你湧來，你進入到金色的森林中，在這裡停留至少５分鐘，並虔心請求這座宇宙的森林，給予你一個關於未來的生命指引。接著，用左手順時鐘方向滑過每張樹卡，再以直覺抽取１張牌。

　　你可以將抽到的這張樹卡，放在心輪３到５分鐘，連結它的能量，擺置枕頭下方或隨身攜帶連續２１天，在這２１天中留意你的夢境和周圍的人事物，你將得到強大的訊息，是你改變與轉換生命的重要方向。

⤳ 1+3卡 ⤳

問題的呈現與洞見

1
問題核心

2

3

4

　　以直覺抽取4張牌，做為一個深入問題核心的洞見。抽牌之前，請先做一個祈請，請求心靈樹卡為這個問題給予一個指引，探索其本質和背後的意義。問題愈明確愈好，然後抽第1張牌放在1的位置，代表問題真正的核心，請特別注意樹卡說明能量特

質的文字部分，例如：你想問一個關於愛情的問題，可以很明確地問說：「我是不是該和某某人分手？」如果你抽到蘋果樹卡，那麼敘述蘋果特質的「豐盛、開心」，就是這個問題的核心根本，表示你和某某人關係的問題點就是「豐盛、開心」。

接下來，再抽第2張牌放在2的位置，請發揮你的想像力去敘述這張牌，延續上例：你又抽到松樹樹卡，松樹的特質是「無懼、勇者」，你可以就松樹本身以及它的特質，所帶給你的感覺來敘說你的想法；陸續再抽第3張牌、第4張牌放在3、4的位置，同樣發揮想像力，依照你的直覺與想法，陳述你對每一張牌的解說。

最後以客觀的角度，把自己的問題（牌1）和下面三張牌（牌2、牌3、牌4）串聯起來，你可以重組下面的牌，按心目中的順序重新排列，最後串接成深入問題的洞見。

延續上例：我是不是該和某某人分手？

原來，我和他的問題核心是我們在一起不開心，沒有像蘋果一般愛情的豐盛感（牌1），那是因為某某人不是一個勇於捍衛愛情的人，無法像松樹一樣無懼地去愛我（牌2），雖然某某人有著像楓香樹一般高貴優雅的氣質，深深吸引著我（牌3），不過，我想我應該學習櫻花的灑脫（牌4），是時候把這段情感放下吧！

※請注意，本次解牌完全由當事人自行發揮。如果是為他人抽牌，請以引導方式，讓他說出自己的見解，而非加入你自己的意見。

✑ 3 張愛人療癒卡 ✑
療癒親密關係

1	2	3
你必須給予 對方的能量	對方必須給予 你的能量	共同創造的 能量

　　人們常在愛中受到傷害，因為我們往往把愛淪為一種滿足小我占有欲的控制，而使得彼此的關係，被層層疊疊的枷鎖給束縛住了！愛可以是歡愉，也可以是分享，更可以是共同抵達。愛沒有什麼大道理，在愛中，你就是一個純真的孩子，開心、甜蜜、享受生命，並有一種不分彼此地融入、合一，使你的地球之旅不再是單一，而有了伴侶一起欣賞路上的風景。

　　重新發現愛，重新歸零再出發，是愛人間常保如新之愛的重要鑰匙，這一組牌陣，是專為愛人們所設計的療癒專區，在這裡沒有特別去探討不愛的原因，當一個人不愛時，可以有一千個理由，而是著重在可以再給什麼；此外，這組牌陣需要兩個人，也就是你和你的伴侶一起抽牌，因為這是共同療癒；同時在你抽牌或對方抽牌時，解牌須由抽牌的那個人去說。第3張牌，共同創

造的能量，則由主導者或牌卡擁有者去抽取。

例如：A和B（伴侶）要為彼此的關係進行一次療癒，因為感受到彼此的愛隨著生活的步調而日漸淡化，雖然彼此並沒有外遇或第三者。

A以直覺先抽取一張牌放在1的位置，代表自己在這關係上必須給予B的能量；也許A抽到羊蹄甲「前進、神性」，表示A必須更打開內在的神性給予B；羊蹄葉形也蘊藏著「前進」的意義，粉紅到紫紅的花色更象徵從愛情出發來到神性的位置。所以，A也許曾經想離開B，單獨追求自己的生命價值，但是在這個牌陣上顯示，A的生命價值是與B一同前進，透過兩人的共同學習，可以一起抵達神性。

在解牌時，可以發揮自己的想像，或者參考後面的牌卡解說，羊蹄甲樹卡意涵是：「師父的每一個腳步都是前進的，他的頭腦沒有過去、現在和未來，也沒有特定的路線，僅僅照顧著足下，在每一個步履中豐富他的人生，這就是真正的前進。而一個人能夠前進，最重要是他時時回到原點，所以可以隨時重新出發，不斷前進。這張牌也揭露了一個訊息，不管過去如何，你都可以重新開始！」

接著，換B再抽第二張牌放在2的位置，代表B必須給予A的能量；也許B抽到山茶樹「自信、信任」，也就是B對A必須更信任，也更有自信在這段關係上，我們翻開後面的牌卡解說，關於山茶樹如此敘述：「山茶樹雖然樹形不特別高大，但花姿綽約，花色鮮豔，散發著獨特自信的光芒。自信不是自負、驕傲，也不是自我，自信是一種對自己的信任，信任自己是完整的，有能力做到，願意去發光發亮，自己欣賞自己，也可以被人欣賞；信任自己被宇宙照顧得好好的，有愛與被愛的能力，不管發生什

麼事都是有意義的，都願意平靜地接受與臣服。」

　　最後，再由Ａ抽取第三張牌放在３的位置，代表未來兩人一起創造的能量；也許抽到筆筒樹「飛躍、揚昇」，代表兩人將開啟一段嶄新階段，從小愛來到大愛，尋找到失落的愛的翅膀，成為彼此的天使，就像筆筒樹飛揚的羽葉，無條件的愛與守護，彼此的愛不僅僅獻給自己、對方，還有更多需要的人。

　　同樣的，如果需要這個引導的能量，Ａ、Ｂ可以將個別抽到的１、２樹卡，放在心輪３到５分鐘，連結它的能量，同時將第３張樹卡牌放在床頭或家裡重要的位置，可以的話，樹卡上擺放一個白水晶柱，連續２１天後，你將發現和愛人的關係有全新的開始。

Part Two
第 二 部

牌卡意涵
與解說

這 是 一 套 結 合 了

禪 意 、 占 卜 、 靜 心

及 宇 宙 洞 見 的 奇 妙 樹 卡 ,

每 張 樹 卡 本 身 都 具 有 獨 特 的 能 量 ,

提 供 你 所 需 要 的 生 命 能 ,

讓 你 得 到 療 癒 的 品 質 。

01 榕樹

心靈能量：包容、守護

圖片說明

　　你總是在任何地方很輕易看見榕樹的存在，你總是看著如此樹性強韌的巨大之樹，以多分枝的方式毫無顧慮地肆意敞開所有枝幹，那枝葉真是無比濃密，簡直是一座小森林的縮影，樹冠呈現著一把巨傘狀，乃至穹蒼般的圓弧狀，形成一整片開闊而茂密的樹蔭，似乎能庇護一切。所以，它的能量是兼容並蓄的，是包容的，也是守護的。

　　上面的枝葉壯闊，其下的根部更是深不可測，屬常綠大喬木的榕樹，具深根性，能將根部深深扎於泥土的最底層，且分歧廣布而去，在地底下建造一龐大的基地，特別是它對任何土壤都能適應，不加抉擇。榕樹的優點還包括了耐風、耐潮，對於空氣污染更具抵抗力，亦如同一般桑科植物能分泌乳汁，是平地或低海

拔地區鄉村、公園普遍的遮蔭及防風樹木。你常可在榕樹下，尋找到童年的味道，帶領你回到心靈的家。

牌卡註解

Dear，此刻你已經準備好了，你夠茁壯了，可以成為守護的力量，守護自己內在的純善，也願意去守護別人；進而願意包容生命中所有的好與壞、對與錯、是與非的種種一切，超越分別。你已經具備了像榕樹一樣的抗風、抗潮、抗污染的強大免疫力量，可以去接受生命帶給你的高潮和低潮，狂喜和混亂，美好和不美好的。甚至挫折對你而言也不再具有任何威脅性，連挫折你都可以包容，連討厭的人你都可以對他們微笑。

所有來到你傘下躲避風雨，或躲避豔陽的人們，你也願意敞開胸懷去迎接他們、眷顧他們，而且一點也不費力氣，你可以很輕鬆地就做到；這是你以前無法達成的部分，但現在對你來說卻很容易。最重要這個守護，是來自於你自己內在的承諾，而不是別人的要求，更不是因為你不這樣做的話，將會有罪惡感之類來自道德或責任的束縛。

不是的，它是生命抵達了一個高度，來到一個核心的位置，你看見生命的真相，洞察了一切，明白了世界原來如此，然後你願意付出，願意犧牲，願意奉獻。這個奉獻的本身、守護的本身、包容的本身就是一種回報，就是愛，你別無所求，因為你已經得到宇宙最崇高的價值和財富。而這一刻起，你不僅僅去守護、包容一切，也將被宇宙守護、包容。別擔心負荷太多，你能自己生成養分，整個大地之母也會滋養你，協助你。你只要放輕鬆，順應自然，就像公園的榕樹一般，開開心心地提供一片綠蔭給每一位經過的人，就是這麼容易。

02 松樹

心靈能量：無懼、勇者

圖片說明

為了防止水分被大量蒸發，能在乾燥的環境中生存，於是松樹的樹葉長成像一根針一般，針葉細長成束，整個樹冠顯得十分蓬鬆，一如「松」字所描述的形象。

松，感覺正是那種有堅固力量、常綠而高大的喬木。在浩瀚的林海間，你可以聆聽陣陣松濤的呼喚，如同印地安酋長訴說著宇宙的密語。被稱為「北半球森林之母」（多分布在赤道至北緯７２度）的它，在裸露的礦質土壤或山川原野，皆可看見它傲立的身影，顯現一位無懼的勇者之姿。

耐寒，更是松樹的一大特質，它可以忍受攝氏零下６０度低溫，乃至攝氏５０度高溫的強烈溫度變化，也可以忍受乾旱、貧瘠和寒冷，卻獨獨不能失去陽光。

　　一個勇者不畏逆境，也有戰勝困難的決心和毅力，他的內心必然充滿陽光，來自陽光的支持對他而言，亦是非常重要的。當脆弱疲憊或失去信心的時刻，記住去曬曬太陽，接引陽光的能量，充足電後，精神飽滿，也讓自己更能揮灑自如。

牌卡註解

　　Dear，一名國王或是一位天使、菩薩，除了愛之外，還需要有拿劍的勇氣。拿著劍，揮斬的不是敵對的人，而是自己的無明執著，自己走不出去的悲傷，和自己內在的怯懦與恐懼。

　　那些縈繞在胸口的過去，關於忠誠、關於背叛、關於離去、關於得失、關於腐敗的黑洞，甚於關於世俗的追求，你可以取出你的劍用力揮別，並大膽往此生的意義、往新的未來邁步。不必一直處於擔心受怕的局面，你已經找到你的劍，劍在你手上，要提升的只是一點點勇氣去行動、去實踐而已。

　　恐懼帶你去到危險的巔峰懸崖，一不小心就會墜落消失，但別忘了，在巔峰懸崖處，你可以成為一棵高貴昂然的松樹，能置身逆境而不動，你是一個高貴的勇者。

　　恐懼的鬱結在你胸口形成呼吸的壓力，古老的埃及、希臘、阿拉伯及中國的文明裡，松樹正是安頓五臟，且對肺部疾病很有療效的藥材，被稱為「仙人的食物」，抗老化、延年益壽，富含豐富的花青素ＯＰＣ，是超強的抗氧化物。所以松樹的能量能化解我們深層的恐懼，甚至是來自過去世業力的恐懼。

　　有時我們會做錯一些事，有時別人也會對我們做一些錯的事，一個真正的勇者能勇於反省，接受錯誤；事實上，所有這些對與錯的戲碼背後，是一個強烈洞見 —— 不管經歷什麼，都僅僅是成長的過程，不管經歷什麼，我都願意接納自己是良善的，

是值得的，是有價值的，而我也願意如此去接納別人。

　　把陽光帶進來，帶進內心的黑洞，照亮它，讓一切無謂的批判、抱怨與羞辱都消融於陽光之中，從今天起，你不必再恐懼，不必再退卻，你是一名松樹般的王者，你是天使與菩薩，拿起你的劍往你的道途無畏前去吧！

03 櫻花

心靈能量：灑脫、投入

圖片說明

　　早春猶帶寒意的山際間，櫻花不顧一切地綻開，隨後不顧一切地死去，它的人生是一場夢一般的華麗盛宴。在最絢爛時，隨即凋謝，這是櫻花的宿命。「櫻花七日」，即是形容櫻花的生命短暫，一朵櫻花從綻放到凋零，前後七天，而一株櫻樹邊開邊落，從花開到花謝，也約莫十五、六天光景。

　　盛開的櫻花滿樹燦爛，傘狀花序呈白色、粉紅色及桃紅色等顏彩，如雲霞般美麗動人；其壯烈而毫無留戀的離開方式，更令人震撼，生命在最美好時即驟然而逝，這是櫻花自己的選擇，就算是一瞬間，也願意全然投入，活出一瞬的光亮，面對死亡，亦灑脫入土，生命在美不在長。

　　這種特別的東方神祕之美與靈性力量，其實來自修行人之所

的喜馬拉雅山，櫻花原產北半球環喜馬拉雅山地區，在日本被發揚光大，日本人喜歡櫻花「阿莎力」（瀟灑）的壯烈姿態，認為是真正的武士精神，也是最美活著的意境。

牌卡註解

Dear，生命不是對未來的想像，生命也不是我將要如何如何，生命更不是承諾，生命是此時此刻的經驗。

櫻花所以被稱為神祕之花，正因為它展現了「生命是此時此刻」的宇宙法則。握著這把「當下」的鑰匙，它打開了我們追尋已久的堂奧之門，發現原來生命的本質與意義別無其他，就是好好地、全然地、盡情地活在當下！

每一刻都強烈地活，每一刻都毫無遲疑地綻放自己，不必管別人的眼光，不必在乎別人的期許，也不必等別人按讚。遵循自己的天命，去創造自己的星星、月亮和太陽，創造自己的宇宙。當然，這不是要你任性而為，而是要你打開內在的視野，洞察並覺知在這一刻你要做什麼，你要如何安住？

這是一個很老很老的習題了，如果明天你要死了，今天你要如何活呢？當然你可以立刻買一張機票去北極，也可以放下所有工作，什麼都不做，靜靜和所愛的人在一起……，每一個人都有他自己的答案，有他自己最後一天活著的方式。

這個問題只是提醒我們，如何去表列自己的生命清單，什麼才是此生最重要的事情。在死亡面前，那些遲疑、矜持、猶豫、害怕顯得微不足道，我不必再擔憂說出自己的想法，我不必再遲疑做想做的事情，我不必再猶豫做真正的自己，我也不必害怕別人不喜歡我，我常常為了受歡迎，而處處迎合別人，現在，我可以表達自己，顯露自己，至少在生命活著的最後一天，我可以成

為自己。

　　灑脫地成為自己，灑脫地放下世俗，灑脫地面對生命即使如此短暫，也不讓自己後悔去愛、去展現、去嘗試，活出自己每一刻的高潮，一個人怕的不是死亡，而是從未好好地活。一個未曾好好活過的人，面對死亡總是充滿擔心，因為若無全然地活，也不可能全然地死。這一刻起，學習櫻花的精神，你的生命每一刻都是一場美麗的奇蹟。

04 柏樹
心靈能量：健康、青春不老

圖片說明

如果你想嗅聞什麼是不朽的氣息，請來柏樹身邊停留片刻，感受它的寧靜，你就知道什麼是永恆的情調。浩瀚參天的古柏，歷千年不衰，柏樹的不朽傳奇，正是長壽健康且青春不老的能量表徵。

柏樹向有「空氣維生素」之稱，它所散發的芳香，具清熱解毒、燥濕驅蟲作用，能消滅細菌、病毒，淨化空氣，進而祛病抗邪，培養人體的正氣。情緒低落時，聞一聞柏樹的香氣，可降低血壓，緩解抑鬱情緒，鬆弛緊張壓力。森林療法中，建議人們到柏樹林散步活動，改善身心狀態，提高免疫力。

中國人將柏樹視為吉祥瑰寶，在寺院宮殿蔭蔽全宇。希臘人和羅馬人甚至將柏樹樹枝放進靈柩內，祈願死者得到安寧，在另

一個世界也能幸福。

　　柏樹學名*Cupressaceae*，是從希臘神話的賽帕里西亞斯 Zyparissias少年而來。在一次狩獵時，賽帕里西亞斯不小心將神鹿射死，傷痛欲絕。眾神聽從愛神厄洛斯的建議，將他變成一棵不死的柏樹，終身悼念神鹿，柏樹便成為長壽不朽的象徵，也成為對故逝之人表達情感的工具。

牌卡註解

　　Dear，要如何保持健康、青春不老？祕訣就是把我們變成一棵柏樹，學習柏樹的寧靜致遠，並連結宇宙的正氣。宇宙正氣就是宇宙的生命能量，讓這股能量滋養我們的身心靈。許多身體的問題往往從心靈而來，療癒身體，也必須從心靈著手。所有的藥終極都是為了治「心」，以愛製藥，乃是良方，唯有注入淨化、喜悅與愛的能量，讓心變得更開朗、愉快，充滿了光，才是真正的健康之道。

　　為什麼會生病？是因為業力，或工作過度，缺少運動和規律的作息……，其實，生病是一種內在的調整，是一種指引，讓我們洞曉生命的真義。很多時候，肉體生病也來自於情緒體的阻塞，這些阻塞往往是慣性思維，或是非對錯的價值觀所造成，當過度堅守固化的信念時，就容易陷入批判，不論是憤世嫉俗或無奈哀歎，這些批判的黑色能量，會殘留在細胞裡，隨著時間而造成身體失衡，造成疾病。

　　疾病並不是負意詞，它是一個訊息，是一個邀請，讓我們知道，是的！這一刻，我應該停下來，去和我的身體溝通，去和我的情緒溝通，去和我的內在溝通；看看我的執著是什麼，這一刻，是我放下的時候，也是我改變的時候了！

　　一個人保持長壽的重點在於活得健康，增強免疫力，而非恐懼疾病，當免疫系統夠苞壯，就不會受到疾病侵襲。每天醒來，想像宇宙給你一張滿分的健康證明，也給你最美好的一天，遇見每一個人、每一件事物都是最美好的，你願意珍惜一切，感謝一切。就算身體生病了，心靈也可以不受苦，因為疾病不等同於你，你一樣可以享受生命；每天為自己快樂生活，就是最好的不老青春術。

05 杉樹

心靈能量：挺直、迅速

圖片說明

　　第一眼被杉樹吸引的，是它那筆直的樹身線條，直挺挺地朝向天空，就像高高的巨人或者大天使一般，當你需要祂時，祂很快就會現身，前來保護你，指引你去到安全的終點站。

　　杉樹和松樹、柏樹並列為亞洲東方常見的溫帶常綠裸子植物，最大的特色即是主幹通直渾圓，高達三、四十公尺以上。因為生長迅速的關係，只要種植十五年就能成材，二十到三十年即可採伐利用。因此，杉樹是山區綠化非常重要的林木，更因為輕軟優良的材質，保存時期久，加上天然芳香，成為建築和造紙十分重要的資源。如果你希望事情進展快一點，成長快一點，杉樹的能量可以協助你。其與眾不同的能量，在於挺直、迅速，且容易蔚然成林，形成一整片通往宇宙天空之夢的林海。

是的，成功可以是很容易的，只要你不怕難，不被難給困住，心裡覺得事情很難，你就會被牽絆住了！難，打掉就不難了！把困難的想法丟掉，就是一條迅速筆直的成功之路！

牌卡註解

Dear，有時候，我們累了，也想懶惰一下！但久而久之，就會陷入一種凝滯；或者一直處在改變不了的生命低潮、無法決定的事情，以及難以整理的關係，當抽到這張牌時，代表一切很快就會改善，你可以不用再等了，是時候告別十字路口的徘徊。

事情來到明朗的一刻，一切將有迅速的進展，你只要挺直腰桿，帶著一點理直氣壯，往你所想的目標前去。就像杉樹一樣，無所顧忌地往天空生長，要抵達雲端才肯終止。

此刻，當你決定了方向，就可以採取行動了，不要再左顧右盼、擔心懷疑，更不要裹足不前，退縮回你的烏龜殼。就算你想逃開，也無法逃開了！所謂非如此不可的命運，正是如此，你只要順其自然地面對它，順著流去，一切很容易。

學習杉樹，將脊椎挺直，疏通七個脈輪能量，將雙手往上舉向天空，透過呼吸，接引著宇宙的能量從頭頂流入全身，特別是代表力量的太陽神經叢位置，這樣做幾次，你會覺得能量在流動。當你流動了，停滯的現象也會產生變化，慢慢加速往前。

更棒的是，如果這是你真心渴望的事情，這張牌也代表著大天使們與整個宇宙都會透過各種方式來協助你。從物質的滿足到心靈的喜悅，乃至靈性上的體悟，一切都是可以實現的，不是夢想，而是經驗！

06 樺樹

心靈能量：承受力、堅硬

圖片說明

樺樹，又叫做樺皮書，在古典的書寫年代，用一支鵝毛筆，輕沾墨汁，在一張白樺紙上寫下文字，記錄著愛，也記錄著生命。產於高緯度溫帶國家的樺樹，有白色樹皮的白樺、紅色的紅樺、褐色的黑樺、遇水即沉的堅樺以及刀槍不入的鐵樺等品種。

其中最常見的白樺，因含有３５％白色樺皮腦，樹皮會形成一層美麗銀霜。而且樹皮一層層，用刀輕輕一劃就能剝離成一張張硬質紙張，可用來寫字作畫，或製成精緻工藝品。

白樺潔白樹幹上橫生的孔狀線形，亦似無數眼睛，向四周張望。當風吹拂時，柔軟枝條上的鋸齒葉片隨風搖曳，有如一群飛舞的白衣天使。

萬年前，冰河期退去後，樺樹是第一個返回溫帶歐陸的樹

種，所以它是啟始之樹，加上它看似輕盈的樹身，其實堅硬無比，且富彈性，連子彈也無法射入，因此它對生命的承受力是非常強大的。如果你受困於命運之輪而失去活力，或忘記了如初的赤子之心，請來靠近樺樹吧！讓它喚醒你的內在天使，再度輕盈飛行。

牌卡註解

Dear，如果你認為每一刻都是考驗，那麼它就會是考驗。同樣的，如果你認為每一刻都是遊戲，那麼它就會是遊戲。

有時候，我們太過認真在玩遊戲了，於是遊戲就變成了考驗。考驗也沒什麼不好，考驗可以激發我們內在的創意和潛能，改變我們一成不變的生活，讓我們看見不一樣的自己。

問題在於，你太在意自己能不能通過考驗，太擔心自己經不起考驗；你也太性急，想快點結束考驗或乾脆逃開考驗，因為你無法承受伴隨考驗而來的壓力。

為什麼會有這麼多考驗？也許你覺得外面的世界太複雜，充滿了不安全感，甚至你對自己也充滿了不安全感，這個宇宙太不安全了，即使自己心裡亦充滿負面思考和暴力的念頭，也是讓人不安的；必須控制自己的想法，必須控制自己的情緒，必須控制自己的行為，必須控制別人和整個世界，真的太辛苦、太累了！

Dear，控制本身就是一種沉重、無法流通的能量，控制使你陷入無明。你應做的不是控制，而是讓樺樹堅硬厚實而具彈性的承受力，流入你的心底，當然不是要你去硬碰硬，一個堅硬而厚實的內在能量，來自於柔軟，來自於零，當你放空自己，不執於結果，考驗又回到遊戲本質，你發現你只是在玩耍而已，而且不是以一個人，而是以一個神的高度去看見遊戲的樂趣和意義。

　　一場遊戲，如果你執著在贏，那就是競爭而已，不會帶給你什麼好處，只會讓你承受更多壓力；任何的考驗，如果你執著於想要的結果，缺少了彈性，就看不到神的答案。神的安排，永遠帶著奇蹟，如果你願意接受考驗，順從內在指引，全力以赴去展現、去發揮，然後放手把結果交給祂。那麼你鑽石般的心靈就像金色森林的白樺樹一般，任何子彈都打不進去，都傷害不了你。

07 梅花
心靈能量：冷靜、堅定

圖片說明

　　春天的訊息從哪裡來呢？從梅樹枝頭撲鼻的花香傳來的，梅花傳來的不僅僅是春訊，還傳來了吉祥的徵兆，五片花瓣分別代表了五個福氣：快樂、幸福、長壽、順利、和平，這些美好的福氣即將發生。

　　但是在擁有這些美好的福氣之前，你必須要經歷一些等待，你的心必須更堅定，保持冷靜，就像梅樹歷經寒冬嚴霜，愈冷愈開花的道理一般，天氣愈冷，梅花開得愈是清秀動人，她的花香愈是清甜芬芳。

　　早春開花、不畏寒冷的梅花，霜美人、雪美人、冷美人，你都可以這樣說她。這份出奇的冷靜之美，為她賦予了堅韌不拔、百折不撓與高風亮節、自強不息的堅定品質。冰枝嫩綠，疏影清

雅，花色美秀，幽香宜人，都是古人對梅花的盛讚，也因此她是中國堅貞氣節的君子象徵，也是花中壽星。

牌卡註解

Dear，有時候你會抱怨，愛為什麼一直不來？幸福為什麼一直沒有到？生命一直沒有出口？不要帶著老舊的頭腦，它會讓你哪裡也去不了、什麼也得不到，只會抱怨。Dear，春天總在冬天之後，這是季節的安排、宇宙的法則。請你冷靜下來，讓心更堅定一點，就像梅花越過冷冷的雪天，反而開得更美、更芬芳了！

這是一張帶有強烈訊息的牌，意味著美好春天就要來了，改變就要發生了！不過在這之前，可能會有一場嚴峻的暴風雨將要發生，而這個衝突或阻礙，是一個非常重要的試金石。你不能用頭腦想太多，要直接穿越它。事實上，沒有這個試金石，你是不會成功的，它是來成就你的，就像跳高之前先蹲低的道理一樣。你必須保持冷靜，不要輕易被狂風暴雨給嚇倒，這是在測驗你的決心，求愛的決心，改變的決心。就算是強烈颱風，也不要畏懼它，你愈冷靜，愈能處於颱風眼當中，四周是狂亂的，你內在的中心卻是平靜的、穩如泰山。

生命有低潮、有高潮，那是很正常的，一年有春夏秋冬四季，那也是很正常的，不必因為畏懼嚴峻的冬天，而忘失了真善與美的本性，要像梅花般自強不息。天地、陰陽，整個宇宙有它運行的規律，宇宙的規律中包括支持一朵花，也包括支持你，學習順應自然，同時更要自立自強，才能如春天的萬物一樣生生不息。

這張牌也有遇難呈祥的好吉兆，恭喜你！惱人的事情終於要過去了，一切將有峰迴路轉的新局面，五片梅花瓣的好運 ──快樂、幸福、長壽、順利、和平，很快就會圍繞著你。

08 桃花

心靈能量：友誼、貴人

圖片說明

　　早春時節，也是桃花盛開之際，從粉紅至深紅，開出一片灼灼其華。桃樹源於中國，從中國傳播至中亞，再由波斯傳入西方，它的拉丁名*Persica*，即為「波斯」之意。從果實、花朵到枝幹，桃樹每一部分皆具有獨特的象徵意義。中國傳說中神仙喜食仙桃，因此肥美多汁的桃子便成為延年益壽的水果極品。

　　桃花被喻為貴人、人緣，一個人若有好人緣，特別是異性緣，就說是桃花旺盛，同時為求一年貴人好運或姻緣能成，亦會在春節時期擺放桃花，求得好運。桃木也被認為是仙木，可以制抑惡氣，具驅邪作用。

　　這張富有鮮明意涵的桃花牌，代表這一刻將有重要的友誼為你帶來意想不到的收穫，不過你必須更放下自我，才能贏得支

持，每一個人都渴望別人的支持，但前提是你必須先支持自己、支持別人。

牌卡註解

Dear，你孤獨嗎？你寂寞嗎？你需要被了解嗎？你需要找人說說話嗎？你希望與人分享美好事物嗎？

當你面對世界最美的風景時，很想和某個人說說內心強烈的感動，轉過頭來卻發現只有自己，心中不免生起一份落寞。是的，在這個世界上，我們不可能獨立於別人而存在，我們因緣際會而存在這個世界上，同樣的，我們也因緣際會而得到別人的支持，提供生活中的需求，給予協助，有時我們以為理所當然，而忽略了感謝，忘記了感恩。

友誼最美的，不只是彼此協助，更是愛的分享。但不要忘記了一個人必須先學會愛自己，才能愛別人；一個人必須先學會單獨，才能交流，否則就會是一種依賴，就像藤蔓依附一棵樹成長，形成彼此的束縛。桃花是很吸引人的，故總被用來形容一個人受到眾人喜愛，擁有好人緣。人緣好就容易得到貴人的扶持，轉換生命的機運。好人緣不是來自外表的光芒而已，也來自於自己一顆明月般皎潔而溫柔的心，善解人意，並且體貼包容。

一個人的好人緣不會憑空出現，而是自己願意尊重友誼，傾聽友誼，並非處處顯耀自己，友誼是兩個完整的個體相互交流，貴人更是可貴的無求之愛才能達成。記住，當你想得到什麼，你必須先成為什麼，當你希望貴人出現時，你必須調整頻率，先成為自己和別人的貴人，整個世界就是波動，所有善的波動透過你出去，也必然回到你身上。

09 木棉

心靈能量：英雄、真實的感受

圖片說明

紅色的木棉花開，似一盞盞燃燒的燈火，照亮世界。生長在熱帶及亞熱帶的木棉，每年到了二至四月，就會開出一顆顆橙黃或橙紅燈泡般的美麗花朵，開完花後，葉子才開始長出來。也因為開花時，一樹樹橙紅如火，所以又稱為烽火。

木棉的樹幹陽剛粗大，基部長滿了瘤刺，這是為了防止動物的侵入；加上在森林中，它高高的樹頂，往往會超越其他樹木，所以又被稱為英雄樹。

四時各有變化風情的木棉樹，總以它的樹身教導我們生命的各種成、住、壞、空階段，春天花開橙紅燦爛，夏日綠葉成蔭，秋季葉落蕭條，冬天則現寒意禿枝，就像一個英雄，歷經了榮耀，也歷經了絕境，贏或輸都是生命之輪的必經過程，當穿越這

一切興衰榮枯之必然循環，他將來到一個新的生命地帶，成為永恆的英雄。

牌卡註解

Dear，一個真正的英雄是什麼呢？是在競賽場上，打贏了一場勝戰才叫英雄嗎？一個真正的英雄，不是偽善，而是願意坦誠去面對自己真實的感受、真實的情感，橙色的木棉花，象徵的正是第二脈輪「丹田輪」的能量，這個脈輪是關於真實的感受與情感，以及內在的渴望，當過度壓抑真實的感覺，就會造成這個脈輪的能量阻塞。這也考驗你是不是一個真正的英雄。

假如你是為了逞強成為英雄，忽略自己內在的感受，而強迫自己去打一場勝戰，一定要贏不能輸，一定要獲得預想中的結果，那麼你將會很辛苦。太多人在乎輸贏，在乎結果，甚至在乎必須很快得到，但這只是物質面的輸贏而已。你讀書了，考試一定要一百分；你工作了，一定要賺多少錢；你結婚了，一定要家道從容；甚至你旅行了，一定要看見所有的風景；如果不是這樣，你就是輸家，你就不是一個英雄。

Dear，英雄所打的不是一場勝戰，而是「聖戰」；那也不是外在的戰爭，而是內在的戰爭。這場聖戰並沒有輸贏，有的只是表達真實的自己，忠於內在的感受，那些感受不代表你沒有力量，你不夠強。一個英雄會流淚，一個英雄也會承認自己的脆弱，一個英雄更會認輸，接受所有的結果，即使事與願違，他都接受。但是，當這些過去後，有一個特別的時刻會出現，有一種嶄新的蛻變慢慢為你脫去舊有的衣裳，你就像羽化的蛹伸出翅膀變成蝴蝶一樣，所有漫長的黑暗的過程都為了等待這神聖的一刻，你將成為生命中真正的英雄。

10 白千層

心靈能量：脫落、釋放

白千層

脫落・釋放

圖片說明

　　碩大的白千層，頭頂著一叢叢青綠葉片，掛著刷子般的小白花，身上的樹幹則拖著一層層的皮，看起來非常奇妙。白千層，是一種會脫皮的樹，它的樹幹通直，十分粗壯，可長到三十五公尺高。樹身常有突出的樹瘤，淡褐白色的樹皮質感鬆軟，具彈性，摸起來像海綿。最特別的是每年的木栓形成層都會長出新皮，向外推擠，把老的樹皮推擠在外，形成一層層層次分明的千層派，每一個薄層輕輕一撥即可剝離，當累積多層時，也會自然脫落。

　　白千層可提煉白樹油，製成芳香精油，亦可製藥。樹皮具安神鎮靜作用，可治療精神衰弱和失眠，樹葉亦能祛風止痛。

　　這張極富安定心神力量的療癒卡，提醒你此刻可以卸除頭腦的擔憂與控制，把過去的陰影與未來的恐懼放下來，好好享受你

眼前的生命，不管處於怎樣的景況，颱風或下雨，陰天或晴天，你都可以好好睡一覺，醒來又是一個新的一天。

牌卡註解

Dear，我們每個人心中總揣了一塊自己選擇的石頭，這顆石頭也許是力求完美的壓力、欲望造成的煩惱，或者是得不到的愛情，除非透過覺知，否則你總要把心中的這塊石頭歸於別人的過錯，不然就是命運不幸、環境使然，你不會明白：是的！這是我自己的選擇，我選擇了這塊石頭住在我的心中。有時，心底也常會有別人的話、別人的身影出現，好聽的話、令人不舒服的話，和善的舉止或粗魯的動作；有的話或行為太美了，讓我飄到天空中，有的話或表情太傷人，讓我墜到心的谷底。閉上眼睛，讓頭腦稍微放空，去看見你的心，現在又是被什麼影子所占據呢？

不管是石頭或影子，現在，可以暫時把它們放在一邊，脫下這些不屬於你的東西，釋放它們，請它們離開心間，讓心空出來，看見今天的陽光、星星和月亮，如果是陰天也很棒，可以欣賞雲的變化，等待一場雨，聆聽雨落的聲音；可以讀一本喜愛的書，或者就只是放鬆地聽爵士樂，喝杯咖啡……，用愛自己或自己愛的方式去過這一天。那些石頭和陰影總會一次次再度浮現，沒關係！當你發現你又被打擾了！你就再一次放下它們，回到這一刻的你。不要去批評石頭和陰影，不要去加重它們的分量，就只是時時提醒自己，把心放空，很全然地歸於空無一物的心。

在一次次釋放後，你像白千層一般，儘管過去的老皮還掛在身上，但也影響不了什麼，你如許安神鎮靜，睡得很好，不再失眠，亦如同白千層樹皮的作用。

11 油桐樹
心靈能量：純真、生命力

圖片說明

每年油桐花季時，總掀起一場五月雪，典雅的桐花織造成一座無與倫比的純真國度，令人讚賞且驚訝，整個綿延山頭連續的白，似雪紛飛。

從最早提煉桐油做為油漆、印刷油墨的外來種經濟作物，到後來演化為遍野皆是的觀賞用園景樹，油桐樹因其強盛的生命力，而得以蛻變命運，這是它的花雪所創造出來的無價的價值，初夏時分即可領略油桐樹獨特潔白的五角星形花開，象徵著無比的純真能量。

如果曾經經歷一場桐花雪的洗滌，你會有一種脫去塵俗的淨化作用。一個在世俗太久的人，常常會忘記這是一場鏡花水月的夢，會忘記真正的家在何處，待太久了，也會忘記自己的本質，

就是純潔，就是真摯；來這世界上，就是快樂地旅行、愉快地玩耍。你在經過生命的一切，你是一個旅人，沒有什麼你可以帶得走，只有沿途美妙的風景所帶來的感動。

牌卡註解

Dear，純真是無敵的，世界上最強大的力量就是純真的力量，最美的笑容也是純真的笑容。但是，當一個人準備邁向成年，開始學習控制一切，開始努力成為完美，開始在做別人時，他的純真就消失了！

純真不是幼稚，不是任性，更不是公主病。純真是一種信任，把自己交出去，讓宇宙去安排所有，信任每一刻的自己，每一刻的命運都是最美好的存在；純真是一種堅信，堅信每一個人都擁有神性，都擁有光明的本質，都有愛的可能，也許還沒發生，但時間到了，愛必然就會出現。純真更是一種打開，對世界的萬事萬物充滿好奇，充滿探索的興趣，他不是自以為是的老成或是權威，而是一種尊重，對大自然、對生命都懷著虔誠敬意。

當一個人具備了純真，他也必然是個充滿生命力的人，就像油桐樹的生命力一般，一旦種子著地，就能牢牢伸入地底，長成一棵水平擴張枝葉的大樹，四、五月時，純潔的白色五瓣花開，飄散得滿山滿谷，形成壯麗的五月雪，那種純真的生命力，並非沉重凝滯，而是輕盈揚昇，甚至帶點趣味感，帶點頑皮的態度。

如果你覺得在世界待太久，被世俗束縛太厲害，那麼去看一場油桐花織成的五月雪吧！把自己融入一場紛飛、爛漫的純真之舞中，每一朵潔白的油桐花將開啟你的笑容，敲碎你世故的頭腦，讓你記起純真的面貌。

是的，五月雪下過了！

12 樟樹

心靈能量：清醒、驅除障礙

圖片說明

如果你需要一種清醒的能量，幫助你走出渾沌不明的狀態，請來樟樹的身邊，觸摸它高達四十多公尺濃密枝葉的優美樹形，深深吸一口它所散放出來特有的清香氣息，你的頭腦將煥然一新，幫助你看清遮蔽眼前的障礙。

樟樹是非常重要的優質綠化林種，不管做為行道樹或防風林，都讓人對其分枝多樹冠所堆疊出來的雄偉風貌感到傾心，且具有阻隔噪音，抵抗高度空氣污染的抗害力。

木材既耐腐又可防蟲，也是製造家具的最佳首選；所蒸餾出的樟腦及樟腦油能驅除蟲害，另具強心、解熱、消腫的功效，當障礙出現時，心輪產生強烈的恐懼與擔憂時，在醫學上可治療心臟病的樟樹，也有很好的療癒效果。

而樹幹上分布著厚硬的深溝縱裂紋樹皮，宛如印章刻印上去般，故以「樟樹」為名，印章也代表著一種強大的神聖力量，對於驅除眼前的阻礙，非常有力。

牌卡註解

Dear，保持清醒，在任何時刻。一個任何時刻都清醒的人，就是一個師父。生命總有許多渾沌無明的時候，就像人生難以避免的障礙，有時無明的力量太強，以致失去了正確的判斷，而在某些重要的片刻鑄下錯誤，或者賭氣吃下後悔的藥。我們常認為障礙都是別人造成的，卻不明白這是我們的決定，透過障礙淬鍊自己，提升耐性與堅毅，學習沉著以對，更學習放下對好壞的執著。

最大的障礙是心的障礙，我們往往不夠具有信心，不夠耐心，容易失望、絕望、過度期望，又太過易感、纖細，而陷入過多的傷感、惆悵、悲痛、憂鬱、不安、憤怒、沮喪等情緒。並不是要你不去感受，不去生起情緒，而是要你清醒地知道那些情緒是怎麼來的，原來是自己深深抓住某種渴望和價值觀，是這樣的執著成為一種受苦。

一個師父如同一棵樟樹一般，深溝般的厚硬老樹皮累積了時間的智慧，刻章似地烙印樹幹上，他卻能以印章般的保證力道和獨特的辛香味，幫助你清醒過來，驅除內心的障礙。

接引樟樹清醒的能量，能幫助自己走出障礙。當然，最終極不是需要師父，而是成為師父，落落大方地佇立街頭，所有的噪音和世塵的汙染，對你都不會產生傷害，所有的問題也許還存在，但已經不再是問題，你散發著清香，喚醒自己和別人的智慧之光。

13 檜樹
心靈能量：安定、永恆

圖片說明

　　踏上海拔一千至兩千五百公尺的山中，你要尋找永恆，讓心安定下來 —— 就是這裡了，不必再追尋。如果是這樣，請來到檜樹身邊，觸摸它古老的樹皮，吸收清新的木意，寧靜思慮，再貼耳傾聽樹幹間湧動的永恆之聲……。

　　有一種神奇的樹木，明明是寒帶針葉的樹種，卻能歷經濕熱的海洋水氣，在溫熱潮濕的亞熱帶海島安身立命，不受蟲害與黴菌侵襲而壯大成長，以堅毅的生命力跨越日日月月，成為島嶼千年神木與最古老的樹種，這就是舉世聞名的台灣檜樹。

　　檜樹是所有針葉樹中最高大的一種，肌理清晰細緻，橫切面更似一幅雋永的畫作。以檜木所造的建築不僅冬暖夏涼，也能避免蟲蟻之擾，為人們帶來安定的身心靈居所。

牌卡註解

Dear，追尋永恆是人們的夢。因為生命無常，所以永恆更顯可貴，因為世事多變，所以永恆更加難求。據說在經過一百年後，將檜木輕輕刨過表面一層，仍會散發出充滿芬多精的檜木醇香氣，歷久而彌新，某些獨特的美好在時間的推演中，依然能夠永恆不逝。

生命中永恆不逝的亙古芳香是甚麼呢？可以穿越生活中總是難以避免蟲害般的擾人之事，或是腐蝕著心揮不去的黑色黴點……，我們的肉體生老病死，這是時間的無常戲劇，我們與所愛的人、所愛的事物，也無法永遠擁有、長相廝守，一切終將在變化中消殞無痕。

是的，沒有一個人在地球生活中可以超越時間之輪的掌控。接受生命的無常就是一種恆常，生命的無常也讓我們邁向真實的永恆。而且，沒有關係，一輩子很短，我們的肉身死了，但靈魂卻是不死的；我們與所愛無法聚合，但在另一個世界我們又再度重逢了！

我們不必去求肉體的永恆、世間的永恆，這種追求會讓你疲於奔命，心無法安定下來，我們要追求靈魂的永恆，靈魂的本質就是永恆，就是心的本來面目，靈魂因愛而生光，因愛而散放永恆的芬芳，如同檜木的薰香一般。

一個人在愛中，他是發光的，也散發令人神清氣爽的安定力量，如同巨大的紅檜一般，安靜悠遠的木意中，一切清新如洗，潔淨的樹身肌理，則蘊藏一幅看不見的偉大畫作，那就是愛的曼陀羅圖騰，最和諧的宇宙圖像。這張牌，將為你掀開永恆的序幕，你就是永恆，永恆就是你。

14 蘋果樹

心靈能量：豐盛、開心

圖片說明

每天一顆蘋果，你將遠離病痛。蘋果含有大量果膠，可降低膽固醇及壞膽固醇，排解腸道毒素。另含豐富纖維質和有機酸，能助排泄，促進兒童發育。深紅色果皮，蘊含白藜蘆醇、多酚，保護肺部免受塵害，減輕呼吸系統發炎，並有助抗老防癌。此外，蘋果中含有多種維生素、礦物質等，熱量低，能保護心血管，提供大腦養分，增強記憶力。既能減肥，又能幫助消化，蘋果實在是太棒了！

全紅而光潔可愛、散發甜香氣息的蘋果，代表著生命的豐盛，當一棵蘋果樹結滿累累的果實時，就像豐盈的財富一般，讓人忍不住都開心起來，嘗一口蘋果的甜美，也帶來幸福的感受。

蘋果樹高可達十五公尺，但一般常見的栽培林種，最高只三

到五公尺，感覺不出樹的高壯氣勢，可這也表示象徵豐盛財富的蘋果垂手可得，不再遙不可及。

牌卡註解

Dear，我們每個人在這世間都希望擁有豐盛富足的生活，無所匱乏。當一個人生命豐盛時，他是開心的、幸福的，就像一顆美麗的蘋果。但絕大部分人常會怨嘆為什麼自己總是無法得到，無法圓滿，不管是財富或事業，愛情或人際，甚至健康方面。一個人要能事事如意，必須要有一顆苗壯的心，才能心想事成。

什麼是苗壯的心？我們總把自己想得很脆弱，當事情發生時，也習慣認同負面的信念——我做不到，我沒辦法，我不配得到，我不夠好……，而開始譴責自己，並導向「事情一定不會成功」、「我老了必然孤苦無依地死去」、「我身體愈來愈糟」、「我不能換工作，我會失業」、「我一個人活不下去」等等進退兩難的位置。

你討厭競爭，你害怕制約，你厭惡世俗，你無法和人相處……，所有問題都來自你脆弱的心所生起的畏怯，也因此你吸引了匱乏。不要讓匱乏感擄住你，否則你會陷在無數的問題中。

是的，我們都太專注在負面，而忘記了正面，忘記了：我是有創造力的人，我是有價值的人，我是值得的人，我是完美的人……，不管發生什麼，不是我有問題，而是我正在學習。

這一刻起，告訴自己：我就是一個豐盛的人，我就是一顆蘋果。每一天我在各方面都會愈來愈好，在快樂、健康、財富、愛、人際和諧、事業成就、靈性成長，我都會愈來愈順利、圓滿，也願意和別人分享。慢慢的，有些內在的能量被啟動了！那就是開心，無來由的開心即是領悟的狂喜。

15 楓香樹

心靈能量：高貴、優雅

圖片說明

隨風飄動著星芒葉片的楓香樹，無論在任何季節都像一位高貴的貴族，優雅地佇立街角。秋天時，它的葉片開始轉黃掉落，是最美的時候；冬天光禿的枝幹，仍呈現優美樹姿；春天新發的嫩綠，則是一種生意盎然；夏天的滿樹綠蔭，亦帶來蓬勃氣息。

生長於氣候溫暖地帶的楓香樹，為槭樹的一種，其星芒般的美麗葉形，帶領人們無邊的想像，去到遙遠的星際。春末夏初時，楓香樹會開著淡黃綠色的花，再結成一顆顆蒴果，每一顆蒴果中藏有一兩枚有翅膀的橢圓形種子。從優雅的樹身到獨特的葉形，乃至翅膀的種子，楓香樹無不散發著宇宙本質的訊息。

這張牌卡為你顯示一個意象，做一個高貴優雅的貴族，是生命的氣質，而不是社會階層或財富地位、外表裝扮，就算你是一

個流浪漢，也可以是高貴而優雅的。停止媚俗，停止討好，允許呈現真實的一面面對世人，因為你是高貴而優雅的靈魂。

牌卡註解

Dear，永遠記住自己是高貴的靈魂，如果你被世俗的形式主義給羈絆了，必須為五斗米而折腰，或因人情世故而做一些不想做的事。當你陷入自我懷疑時，那麼停下來，提醒自己，我是一個高貴而優雅的靈魂，我做任何事都可以優雅地進行，並且有高貴的動機。

高貴的動機並非要你一定要服務人群，或是每日在布施行善，當你和自己和平地共處時，你就是為地球散發平靜的波動。

你必須更有意識地去做你的工作，這就是你的工作價值；你必須更有意識地去關愛自己和別人，這就是你的生命價值；你必須更有意識地去行動，這就是你的存在價值。當你更有意識時，你從心靈到身體就會產生優雅的節奏。

當你無意識地盲從於社會價值，追求表面利益時，你就會落入束縛的社會制約。沒有人規定生命要如何活，你可以不用取悅任何人，更不要為了某種目的，而去做任何諂媚的事情，除非是發自真心，否則都不要說出任何虛假的語言。

Dear，當一個高貴的靈魂，沒有什麼，就是忠於自己而已。凡事忠於自己，順著光明的本性看待一切，你也會溫柔地對待別人。當一個人溫柔時，他會發出優雅的呼吸、優雅的頻率，如同在街頭轉角遇上一棵無與倫比的楓香樹，帶給自己的詫異與驚喜。

16 楓樹
心靈能量：詩意、浪漫

楓樹

詩意·浪漫

圖片說明

從一整片紅色楓葉看出去的藍色天空，顯得格外美，是地球最充滿詩意的風景。各種楓葉的紅，從金黃到絳紅，展現不同層次的深邃，楓樹最博得盛讚的並不是春天所開的紅色花朵，反而是秋天掉落的紅色葉片。

對生的葉子，呈五角星狀，彷彿許多星星聚集在一起。夾一片楓葉做為書籤，是詩人最愛做的浪漫情事，永遠充滿許多故事，特別是關於愛的。

是的，當你太追求物質或權力，當你太過度理性思考，一直要讓自己走在順遂安全的康莊大道上，一直要讓自己變得更重要、更具有分量時，你會忘記了生命的詩意；或者當你周圍圍繞許多干擾的噪音，你很醜、很胖、沒人愛……，你該這樣或那

樣……，你開始變得緊繃而莫名焦躁，你也會失去羅曼蒂克的情懷與心境。

　　這張牌喚醒你內在的浪漫，釋放掉那些大人的計算與嘮叨，別理會他們，同時也要讓自己變得更有詩意一點，為自己買一束花，去海邊吹吹風，夜晚到山上看星星，到森林欣賞一棵美麗的楓樹……，讓大自然的詩意帶你去到香格里拉的境地，而重新愛上自己就是最浪漫的事情。

牌卡註解

　　Dear，存在是一首詩，你是一首詩。你的存在是一首詩的律動，你說的話也是動人的詩語。千萬別被人們所說充滿妒忌的刻薄話語，或者縈繞怨念的比較批判給擄住，世間有很多話都是垃圾，那是威脅、控制、自我所製造出來的垃圾，丟掉它們，也不要受其影響。

　　一棵楓樹，就是浪漫地存在，詩意地存在，也是不理會熱愛計算的頭腦地存在。浪漫是治療無聊的藥，治療頭腦的藥，一個浪漫的人是不會寂寞的，甚至有一種唐吉訶德追風車的精神。下雨天，浪漫者歌頌這宇宙降下的音符，開心淋一場雨；但頭腦會說，這個人發瘋了！走路不小心跌倒了，浪漫者會趁機欣賞路邊的小野花，但頭腦會說，這個人有問題。

　　浪漫者的眼睛看得見一個不一樣的世界，他不認同這世界的是非對錯的價值，不認同一般人認定的希望與絕望、美好與不美好、光明與黑暗，對他而言，所有都是詩意之美，即使是混亂。浪漫是詩人靈魂的一部分，一個浪漫者就是真正的吟遊詩人，他隨風而行，歌詠生命，卻不涉入，翩翩如深秋落下的楓紅葉片。

17 南洋杉

心靈能量：自在、突出耀眼

圖片說明

在一望無際平坦的草原上，那一棵高高筆挺的南洋杉，獨自飛舞著枝葉的羽翼，自在昂然地站立著，既與世無爭，又如此耀眼醒目。

來自澳洲的肯氏南洋杉，壽命可長達四百五十年，擁有澳洲原住民連結大自然、宇宙的神奇力量，幾經風雨，它仍毫髮無傷地生長著，為世人顯示神祕的奇蹟。樹姿遠望就像一座塔，枝椏分層輪生於主幹四周平展開來，側生的小枝密集而下垂，呈羽狀似地整齊排列，就像飛舞的翅膀一般。

在東方，塔是一種象徵，是大修行者的精神指標，所以見到塔時，就生起一種崇敬之意，禮敬得道者的開悟。當一位師父悟道後，他就是自己的神，不管在任何地方，就是這麼如如自在，

悠然自得！

在任何所在，你所見到的南洋杉也如此地突出，就像一位女神一般，享受別人對它的禮讚，可是它卻很自在，沒有驕傲的表情，也沒有謙虛的偽裝，一切都很自在，一切都是順應著本然現象、自然之道，如此而已。

牌卡註解

Dear，臣服本然的現象，不用去分別，你就是自在了！什麼是本然的現象呢？就是一個女神就是女神，祂不必為了表現謙虛而把自己弄得像一名女僕，這是偽裝，當一個女神也可以很自在的，不必擔心被他人忌妒；同樣的，當一名女僕也可以很自在，不必擔心被他人瞧不起，這些都是分別心。

生命是一場愛的演出，每一個人來這一世時，都選擇好了自己的角色和劇本，透過這一場演出，讓我們品味愛的真諦，學習成長的智慧。所以，每一個角色都是獨一無二的，都是特別的，當明白這個真理時，你就會放下階級觀念，你沒有比別人更好，也沒有比別人更差，你有佛性，別人也有佛性，只是每一個人心中佛的種子，開花結果的速度不一而已。

而你選擇了扮演一棵耀眼突出的南洋杉，最重要的理由是，給世人一個女神的榜樣，一種自在的氣質，美得很自在，笑得很自在，皺紋得很自在，生氣得很自在，燦爛得很自在，一切都很自在，看一切也都很自在。

一切自然就是美，一切自在就是最舒服的狀態，那時，風雨怎麼來，就隨之舞蹈，風停了，雨過了，你依然自在，依然如此耀眼地站在一望無際的草原上。

18 椰子樹

心靈能量：度假、放鬆

圖片說明

　　海洋、沙灘、椰子樹，這是海角樂園的典型畫面，也是快樂假期的象徵。這個時代，人們太緊張於追求完美舒適的生活，連維持自己身體的健康都十分小心翼翼；這個時代，人們也熱愛比賽，連旅行都在比賽誰去了多少國家。

　　如果你哪裡也去不了，沒關係，到公園擁抱一棵椰子樹吧！馬上能夠擁有度假的好心情。生長於熱帶的椰子樹，像一把大陽傘，撐地而起，樹葉集中在樹幹的頂端，為旅人遮蔽天空的驕陽，甜美多汁的椰子汁清涼解渴，立消暑熱。椰子樹身上所蘊含的能量皆是一種無比的放鬆感。

　　是的，人生不是一場危機處理或由緊急事故構成，你不需要一天到晚繃緊神經，人生總有意外，但不要因此而不開心，這張

牌要你明白你可以更享受你的生命，度假不需要去到遙遠的西藏或是太平洋的小島，那當然也不錯，但無論如何你還是得回到生活，那就成為一棵椰子樹，把那份度假的放鬆感融入你的身體，化為你的生命情調。

牌卡註解

Dear，快被工作給壓垮了吧！給自己一個假期，去度個假吧！每一個人都熱愛度假，因為度假時，心是放鬆的。我們花費大半輩子努力編織象徵成功的城堡，對事業、對財富、對愛情、對孩子的期望，我們害怕休息，擔心一鬆手沙上的城堡就消失了，就失控了，被大浪襲捲而去！

我們對未來充滿懷疑，往壞的方面去想多過好的方面，經常在這裡受到打擊，我可能會一無所有，讓人擔心害怕；更多時候，我們期望事情的進展能朝向我們設想的目標，當事與願違時，我們立刻崩潰。很多人在成為大人時，在成家立業時，就變老了，變世故了，因為他開始接手掌握一切，不肯再把自己交出去冒險一次。

度假，就像拿起一把剪刀，暫時剪除那些緊張和壓力，讓自己放鬆一下，如果真的沒辦法度假，也允許自己擁有度假的心情吧！

重要是這個 —— 當遇見了什麼，記住就是放鬆！

當你放鬆時，全身的細胞也跟著放鬆，在放鬆中，你就看見了真實，沒有頭腦和情緒，你就是很放鬆去迎接一切。宇宙給你的往往超乎想像，也許會多轉幾個彎，沒有關係，當一個人在度假時，他不會計較太多，每一刻對他來說都是旅途美妙的風景，就保持這樣的好心情，把它帶到你的生活中，這樣你每天都是在旅行的路上。

19 棕櫚樹

心靈能量：療癒、能力

圖片說明

棕櫚樹是熱帶雨林中非常重要的經濟型作物，能製造出肥皂、化妝品、蠟燭、清潔劑及人造巧克力、食用油、抗生素等。軀幹高大呈圓柱狀的棕櫚樹，喜歡生長在陽光直射、日照充足、排水良好的地方，所以在熱帶地區生長比較快速。

不管在身體或心靈方面，這張棕櫚樹卡皆富有強大的療癒力量，而且這個療癒力是來自你自己，你有能力去療癒自身，身體方面的問題也會有一個洞見出現，包括生病的原因，以及尋找到好的醫生去治療。

事實上，我們的身體有它的自我意識，身體知道生病也是一種正常的狀態，某種身體的不適與疾病只是一種平衡，疾病也是身體的一種經驗，就像死亡也是正常的。當我們明白這一層深

義，就會為療癒帶來新的視野，沒有所謂生病這件事，一切都是生命的體驗，一切都是正常的！當這麼想時，你就得到真正的療癒了！

牌卡註解

Dear，有一個關於療癒的祕密是，真正的療癒是從療癒自己開始，才能進一步療癒別人，而透過療癒別人的同時，其實也在療癒我們自己。

所有的治療，最終極都是在療癒我們的心。我們的心，在無數世的掉落中，累積無數世的傷愁印記，使我們習慣性攜帶著悲傷的包袱，不管這一世或上一世。

我們在人間飛行，總有因為無法全然施展自己，而遭遇羽翼被刮損的傷害，或者無法順從自己內在的意願，所受到的挫敗；以致我們保守自己的心，拒絕真實的感受發生，真實的情感流動，否則我們將受更多的傷。很多時候，我們都害怕愛，害怕表露愛，我們寧可愛一隻貓或狗，也不願去愛人。因為愛很難，不愛比較容易。

Dear，不要因此而封鎖自己，那不是天使心。無論如何，我們都要繼續飛，把真實的愛傳達出去，但我們可以更小心一點，如果我們能做得到就盡量給予，如果做不到就化為祝福。然後我們就放下，學習放下，交給宇宙去安排。不要再生起批判或怨嘆、懊悔的聲音，那不會幫助什麼，不要儲存別人的悲劇，甚至連自己的悲劇也不要儲存。

深深記住一件事，我們是有能力的，有能力穿越這些傷害，繼續飛行展現自己。一切在愛中，實踐療癒之道，透過愛發現、覺醒自己的天使心！

20 羊蹄甲

心靈能量：前進、神性

圖片說明

羊蹄甲最大的特色是它的葉子前端分叉開裂，就像草食動物偶蹄類的腳蹄一般，所以以此為名。從三月到五月開花期，綻放出一朵朵花形酷似嘉德利亞蘭的典雅花朵，又有「蘭花木」之稱。

羊蹄葉形蘊藏「前進」的意義，而從粉紅至紫紅的花朵，代表從愛情出發來到神性的位置，洞曉更高愛的真義。在這個世界，誰沒有犯下錯誤，誰沒有背叛過呢！最大的背叛是背叛自己的心意，絕大部分的人每天都在背叛自己。但神性的愛卻為你開啟一個重生的可能，這一刻你可以前進了！

每一個人都是神性的化現，所以不必致力成為神，只要你能認出內在的神性，在神性的引領下，你的每一步都是真實的前進，從身體來到心靈，再到靈性，身心靈三位一體的合一，自

我、高我、大我的結合，就是進入了無限的無限。

牌卡註解

Dear，如同一位師父所顯露的平凡中的不凡，一名真正的師父並不追求擁有廣大的神通，也不追求成為一個被崇拜的神，但師父每一個安靜沉穩的腳步，卻透露著神性。

沒錯，就是因為帶有這樣的神性品質，師父的每一個腳步都是前進的，他的頭腦沒有過去、現在和未來，也沒有特定的路線，僅僅照顧著足下，在每一個步履中豐富他的人生，這就是真正的前進。而一個人能夠前進，最重要是他時時回到原點，所以可以隨時重新出發，不斷前進；永遠回歸初心，不受未來和過去束縛，才是真實的前進。

這張牌也揭露了一個訊息，不管過去如何，你都可以重新開始，不要攜帶那個罪惡感，如果你覺得你做錯了什麼，傷害別人或欺騙，在心底做一個深深的懺悔和祝福，送給過去的自己和別人，並發願從今天開始，我不再如此，同時也告訴自己，就算我錯了，也是可以被原諒的，我願意轉換這個錯誤為愛的力量，給予周圍的每一個人事物，然後我前進了！我往紫色頂輪的開悟神性前進了！並記住照顧自己的每一步，讓它成為師父的腳印。

即使被傷害了，心中也願意升起寬恕，放開牽絆的繩索，原諒別人就是放過自己；每一次的傷害也是一則教導，讓我們能更無畏地前進。

21 合歡樹

心靈能量：喜悅、隨喜

圖片說明

　　合歡這個名字很美，聚合在一起歡樂。這一張關於慶祝的牌，為我們揭曉喜悅的本質，除了一個人開心之外，也可以一群人開心。一群人一起開心，亦是共同為生命創造美好的印記，那些印記一如初夏合歡樹所開出的淡紅色絨花，彷彿一簇簇煙火綻放一般，且散發清香。

　　在澳洲，合歡樹常被種植為牧場或庭院的籬笆，所以合歡又被稱為籬笆樹。這表示，就算在分享喜悅的同時，也是有分際的，是獨立的，不會因為分享而失去了自己，就像單獨完整的圓在一起滾動，卻不會彼此牽制。

　　合歡的葉子也很奇妙，日落而合，日出而開，給人友好的象徵。根部則長有根瘤菌，能固定空氣中的氮成為土壤中的氮元

素，有助改善土壤結構，增加土壤肥力。盛開的合歡花更是蜜蜂不可或缺的蜜源。其堅實細密、花紋美麗的木質，常被做為室內裝飾和製作家具的上等材料。擷取合歡樹無比喜悅的能量，可為你創造出真正的內在喜悅，同時因為自我喜悅的滿足，也願意隨喜他人，祝福別人事事如意，時時歡喜。

牌卡註解

Dear，佛教有一個很美的修行方式，叫做「隨喜」。隨喜的真義就是祝福，當別人做了些功德、善事，我們就算沒有參與，但也願意衷心地隨喜他、祝福他，那麼對方做的功德，我們也有了一半。當別人事業有成、賺取財富、購置房產，乃至去到某個美麗的地方旅行，我們也願意隨喜他。

並不是為了功德而去隨喜他人，隨喜的真義是培養自己的氣度與心胸，消除忌妒的負面能量，同時也培養自己願意與人為善的喜悅之心。當然，也要記得隨喜自己。

喜悅是什麼呢？喜悅是幸福的感受，一個人幸福很容易，看一本書，聽窗外的雨落，到海邊走走……，但是一個人喜悅之外，也可以一群人喜悅，集合群體的力量做一件美好的事，就像馬拉松比賽一般，誰先抵達終點並不重要，重要是大家一起流著汗，跑了一趟旅程。

佛教還有一個很美的名詞叫做「菩薩道」，菩薩是出自一種內在的承諾，願意發心利益他人而走上這條美好的道途。菩薩道包含了慈悲、智慧和勇氣，在付出愛的同時，也獲得了喜悅，菩薩道或者說天使道，都是一條喜悅的生命馬拉松。這張美妙的牌卡為你揭示了喜悅之道，仔細去品味這張牌的內涵，將會為你打開一個神奇的內在曼陀羅。

22 鳳凰木

心靈能量：熱情、展現

鳳凰木

熱情・展現

圖片說明

　　一簇簇火紅的艷麗花朵，就像一隻隻美麗的鳳凰鳥，在夏日的鳳凰木上飛舞著。鮮紅或橙紅的花朵與鮮綠色的羽狀複葉相互輝映，鳳凰木被譽為世界上色彩最鮮艷的樹木之一。橫展而下垂的樹冠，形成一片濃密闊大的傘形樹蔭，微風習習，也是熱帶國度最美的乘涼處。

　　當鳳凰花開時，也代表著畢業的學子們完成了學業，開始人生另一個階段，攜帶著過去所學習的學識與涵養，投入自己的夢想，如同一隻鳳凰振翅起飛，燃燒內在的熱情，盡情奔向前程，展現才華，創造生命意義。

　　這張牌揭示唯有釋放內在的熱情，才能真正羽化展翅，每一個人都有一條屬於自己對的路，去找到它，並展現自己的熱情，

這就是鳳凰之夢。

什麼是對的路？當你在做這件事情或愛這個人時，你充滿了熱情，一直想表現愛，那就是了！這中間並沒有頭腦的計算在裡面，同時也不要太過執著於得失，生命總是柳暗花明又一村，有時宇宙這一刻沒有回應你的熱情，但在下一刻你會得到更棒的禮物。

牌卡註解

Dear，有很多大師會說，這個世界是一場夢，一輩子所繫念牽掛的愛人或家庭、事業、功成名就等等世俗價值與財富金錢，乃至我們這個身體都是一個短暫的緣，到最後都是一場空。當因緣際會時，一切巧合地碰撞在一起，所以不要太過貪愛執著而產生痛苦，得到很興奮，得不到很氣憤，得到就想一直擁有，得不到便失落、怨懟。

沒錯，這世界確實是一場夢，不要太執著，但不執著不代表退縮或冷漠，也不代表可以沒有夢想，那樣你會變得空虛，空不是空虛，而是不執著地在路上。正因為這世界是一場夢，所以我們要活得更像自己想要的生活，勇於追求生命的夢想，為自己打一場美好的仗。

但我們不執著於成敗，也不執著於失去或擁有，我們只在過程中燃燒熱情，盡情表現自己，如同盛夏裡火紅的鳳凰花，當它張開每一片花瓣時，有一種奮不顧身，但它不是為了表現給別人看或有什麼目的，它就只是燃燒著自己的熱情，而這樣的熱情會感染別人，會帶來一種強烈的力量，帶動著別人一起飛行宇宙！

一個人活著要有熱情，就算做夢也要有參與感，如果沒有熱情的話，那麼連一場夢他都不是。夢醒了，我們開心做一場美麗的夢，回到了家。

23 木麻黃
心靈能量：面對挑戰、空間

圖片說明

　　木麻黃是最佳的防風林，所以常在海邊看見它們成排的婆娑身影，以高大堅硬的樹身抵禦強風侵略。而且它生長迅速，抗風力強，能夠忍受濱海含鹽分較高的土壤環境，就算是被重金屬汙染的土地，木麻黃也能夠生長，是修復土壤的最佳樹種之一。

　　原產於澳洲、南洋群島的木麻黃，所以被廣泛種植成防風林，主要是全株的枝椏都是細絲狀，製造讓風從縫隙滑過的空間，使得樹身的成長不致造成壓力，因而在終年強風吹襲的濱海一帶，也能長成巨大的喬木。木麻黃的根瘤蘊含根瘤菌，可固定空氣中的氮，故能挑戰貧瘠的土壤，使自己茁壯。

　　這張牌卡，為我們啟發一個深義，此刻的你如果正面臨一個挑戰，感受到肩上的壓力讓自己快喘不過去，沒有關係，先不要

去想這個挑戰有多大、有多難，也不必急於擠破頭腦想出一個解決的方案；暫時先放空，抽離一下，請給自己的心一個空間，當你愈空時，愈不緊張煩躁時，反而能夠從任何垂手可得的訊息，閱讀到宇宙的指引，也許別人說出的一句話，報紙上的某個標題，或是夢中的啟發等等，都是宇宙傳達給你的靈感，幫助你面對挑戰跨越而去。

牌卡註解

Dear，空間是很重要的。一個人要有自己的空間，在某些時刻獨處，他才能學習閱讀自己的生命，與自己同在。

空間代表一種自由，你的心有多大的空間，你就有多大的自由。給自己和給別人空間，都是同等重要的事。常常一對伴侶結婚後就覺得失去自由，那是彼此沒有給對方空間，讓對方可以單獨去做想做的事情，而要每分每秒地在一起，到後來彼此產生嫌隙。伴侶的關係，特別是夫妻的關係，往往帶有一種「你必須如何如何」的權力控制，於是愛成為了枷鎖。

木麻黃就算成排為防風林，彼此間也有空間，空間成為木麻黃生長的最佳條件，同樣的，此張木麻黃牌卡，亦藏有面對挑戰的意涵，而且這個挑戰很明顯是來自外在的挑戰，唯有面對這個挑戰，才能真正跨越。

如果你暫時想不出因應之道，先別急，先讓自己跳脫一下，儲存自己智慧和能量，你不必思考任何事，只要保持靜心。我們的心永遠有一處寧靜安詳的角落，在深層的靜心中，你將去到那個角落空間，瞥見天啟的一瞬，而那個瞥見，是拼圖上最重要的一張卡，你把它拼上去了，將會發現你已經開啟了門。

24 菩提樹

心靈能量：覺知、開悟

圖片說明

關於菩提樹最著名的故事，莫過於兩千六百年前，佛陀坐在菩提樹下夜睹明星、開悟成道的經典。從此，菩提樹從印度原名「畢波羅樹」，被稱為「菩提樹」。在南傳佛教的國度，有佛寺之處即可見到菩提樹的身影。

樹身典雅高大的菩提樹，擁有碩美的樹幹和灰色樹皮，屬熱帶大型喬木，乾季時心形的樹葉紛紛掉落，樹冠則呈現波狀般的圓弧形，很適合坐在樹下靜坐、冥想。菩提樹是佛陀開悟的象徵，佛陀的意思是「覺者」，亦即覺知及開悟。一個開悟的人，有如佛陀，他悟到了世界是無常與因緣和合的本質，也悟到無我、因果的真理，所以要脫離輪迴的痛苦，就要保持覺知，對好壞不起分別，對任何外境也不起貪執，所以他輕鬆微笑面對世事。

　　靜心就是在生命的每一刻保持覺知，永遠回歸到平衡的中道，不偏不倚，把生活帶入靜心，帶入覺知，你就是一個覺者！千萬不要誤以為佛陀的開悟是涅槃（滅苦）的彼岸，是下一世才會得到。不是這樣的，當下這一刻的靜心，當下的覺知，你就是在滅苦，不需要去到遙遠的他方。

牌卡註解

　　Dear，不要認為你糟透了！也不要把自己想得一文不值，記住你就是佛，你和佛陀一樣都擁有佛性，只是佛陀開悟了，佛陀抵達了，你還沒有。請將這張代表佛陀開悟的菩提樹牌卡，放在你的心輪，好好去感受它帶給你覺知的洞見。什麼是覺知呢？覺知就是清清楚楚、明明白白，就是知道了！知道身體，知道情緒，也知道自己的任何起心動念。知道我正在走路，每一個腳步踏出去、收回來；知道我正在生氣，憤怒的能量從太陽神經叢像火山一樣爆發開來；知道我頭腦生起的念頭，念頭來了一個又一個……。

　　覺知不是阻撓不去發生，而是去體驗正在發生的，所有發生的都是一項獨一無二的體驗，在每一個發生中，保持覺性，好與壞終究都會過去，這就是無常的真理，不執於境，永遠讓自己安住在菩提樹下的明心見性。這張牌喚醒你內在的佛性，佛性充滿了覺知之光與慈愛，菩提的意義正是智慧與慈悲的結合，不管你遭遇什麼，現在告訴自己：一切都過去了，我可以更覺知在這一刻；我也可以更有愛在這一刻，因為我就是一個佛。

25 銀杏樹
心靈能量：意識、第三眼

圖片說明

有活化石之稱的銀杏樹，是現存種子植物中最古老的子遺植物，幾億年前地球就有它的生命蹤跡，是世界最古老而珍貴的樹種之一，為裸子植物中唯一寬葉落葉喬木。葉片呈扇形，秋天落葉前會變成金黃色，看起來既夢幻又古典。

銀杏樹生長速度甚慢，要二十多年才能長大結果，大量結果要到四十年後，但壽命極長，是樹木界的長壽之王。銀杏樹更是神奇的醫療之樹，果實（白果）和葉片可促進血液循環，降低膽固醇，治療高血壓等心血管疾病；此外還能鎮咳祛痰，改善呼吸，提高睡眠品質；同時能增強記憶力，強化腦細胞，預防老人癡呆症，並能穩定情緒，幫助睡眠，降低憂鬱症狀，使松果體、腦下垂體更加活化。

　　腦下垂體掌管著我們的第三眼，松果體則掌管我們的頂輪，都是頭部重要的脈輪，頭部也是自我意識和價值的核心，因此這張銀杏樹卡也提醒我們要更有意識地活，並幫助打開第三眼洞察的直覺力。

牌卡註解

　　Dear，生命的每一個經驗，你都要更有意識地去體會，而不是落入無意識，當你無意識地跟隨念頭漫遊，跟隨情緒波動，這時候你就變成一個危險的人，因為你被念頭的猴子牽著走，被憤怒的大象給拖著，你失去了成為自己的主人。同樣的，你也失去品嘗各種人生滋味的真實體驗。

　　中國禪宗有一句心要：「平常心是道」，平常心是道，不僅僅在於凡事保持平常心，更在於這個平常心是具有意識的，當你更有意識時，你的心眼，也就是第三眼將會打開，洞察力也會隨之提升，幫助你更有意識地活，當你有意識地吃粥喝茶，和無意識地吃粥喝茶，是截然不同的品質。

　　在水瓶新世代，每一項事物都有其本身的意識與語言，且會自動發聲，透露宇宙的訊息，這是這個時代的特質。而當你更有意識時，你的直覺力將帶領你踏入生命極特別的奧之細道，看見不一樣的愛麗絲仙境，發現與生俱來的天賦。然後，在某一刻，你的自我意識自動升級為更高的宇宙意識，那就是無限的光與愛和大地的力量，也是世間最神奇的醫療之樹！

26 桂樹

心靈能量：隨和、隨緣

圖片說明

八月桂花香，八、九月秋天裡的小巷弄，隨處飄散陣陣深深淺淺令人舒心的清淡花香，瞬時打開心房，心底喔了一聲：是桂花開了！

桂花與東方的連結特別深遠，又名「月桂」、「木樨」，總與秋天、月亮連在一起，出現在古典的詩文中或傳統習俗間，中秋賞月、賞花，並吃桂花糕、桂花酒釀，是人間好時光，也為秋月增添閒情雅致。

或金或白的桂花小小一朵，一整叢桂花則芳香四溢，透澈千里，就像鄰家女孩一般處處可見，帶著隨和溫馨的笑臉，為每一位路過的人送上一抹清香，怡然自得、隨緣自在的特質，讓人卸下心防，解除內在壓力，小確幸的幸福立即可得。

桂樹牌卡提醒你，放下內在愈吹愈大的氣球，鬆開它，隨它去哪裡，不要再緊抓不放，讓自己這麼辛苦、這麼累，一切隨緣吧！也讓自己更隨和、更隨性一些，時時品味身邊的小幸福，比起追逐天邊的海市蜃樓，更讓自己輕鬆愉快些。生活也沒什麼過不去的事情，就算解決不了的難題也可以暫時放在一旁，先喝一杯咖啡再說。求不到的第一名，追不到的愛情，得不到的財富、事業、名利地位……，就隨緣吧！自然而然，會有屬於我的桂花樹會在街頭轉角不經意地出現。

牌卡註解

Dear，一個人若不夠隨和，那一定是完美惹的禍。在這不完美的世界，如果一直抓著不完美之處緊緊不放，一定會變成一個難搞的人。我們不需刻意追求完美，因為不完美也是某種獨一無二的完美，來地球這一趟學習之旅，也不是要我們致力於完美。

有時候，我們喜歡一個人，反而是喜歡他不完美的地方，有點笨，有點胖，有點矮，有點醜，有點美……，套句現代用語：微蠢、微胖、微矮、微醜、微美人……。一切如果太過的話，反而大家會受不了這種too much，太自戀、太壞脾氣、太貪得無厭，簡直到了讓人受不了的程度。想想，絕大部分人的不完美，也只是微微的瑕疵吧！這種微瑕疵，就像某個剛剛好的小趣味，讓人莞爾一笑。

一個隨和的人對於不完美，也是莞爾一笑吧！不會麻煩自己多費心，一個隨和的人必然也是隨緣的人，任運而行、隨興去玩！在一起開心，不在一起愉快，得到幸福，得不到自在，就像小小的桂花，看起來微小，卻自得其樂，淡雅的清香，令人在在回味無窮。

27 欒樹
心靈能量：轉變、光明

圖片說明

　　有四種顏色會在欒樹身上發生，綠色、黃色、紅色、褐色，從滿樹的綠葉到黃花盛開，再結成紅褐色的果實，乃至乾枯掉落的褐色蒴果，所以又有「四色樹」之稱。當蒴果乾枯時，引來椿象覓食，同時燕子也來以椿象為食，形成豐富有趣的生態。

　　欒樹是世界十大名木，其色彩豐富多變，因應四時寒暑，特別在秋天十月是最繽紛醒目的時節，一簇簇星狀小黃花垂掛滿枝，迎風飄搖，地上也吹起陣陣黃色花海，正是一棵壯麗的光明樹。

　　樹性強韌、生長迅速的欒樹，可說是樹木界經得起環境磨練的勵志樹種。這是來自於它光明的本性，因應時代和不同生命階段的轉變特質，沒有人是一成不變的，一成不變的人是個乾枯的朽木，而非活潑清新、歷久彌新的真實生命，而每一次轉變，都

是順從內在光明本性的指引，並讓自己導向無限光明、大光明的靈魂之星。

牌卡註解

Dear，我們總嚮往太陽的光，太陽的光普照著世界，讓我們遠離黑暗。我們熱愛光明，討厭黑暗，在光之中，一切清淨無瑕，任事物穿透也無所障礙。事實上我們從來沒有離開過光明，因為我們的本性就是光明的，就是清淨無瑕，就像太陽的光始終是存在的。

所謂的黑暗，其實就是沒有光而已，如何將黑暗化為光明呢？一是看清楚遮蔽光明的東西是什麼，把它去除掉；不然就把光帶進黑暗，點燃自己的心燈，一燈能破千年闇。當一個人身體和心靈失衡時，便產生了情緒的黑暗面，更嚴重時，身體和心靈就會生病。執起心燈，照見失衡的起因，深入不安的情緒，與之共舞，再慢慢歇息下來，並釋放它，這即是轉變的起點。轉變其實並沒有那麼難，就是把固執拿開，把「堅固的執著」拿開。

時代一直在變化，時空一直在變化，事物的流轉變動是宇宙的真理，變樹的美是在每一個變化中都能展現最美的顏色，創造豐富的生態，因為它接受變化，順應這個變化。在變化中有一個恆常不變的，就是我們光明的本性，那是我們閃耀發亮的靈魂之星。時時記住：「我就是光！我就是無限的大光明！」

你將開始轉變，不！你將蛻變。

28 柳樹

心靈能量：柔軟、放下身段

柳樹

柔軟・放下身段

圖片說明

柳樹彎腰下垂的柔軟姿態，加上鬱鬱蔥蔥的婆娑身影，深受古代隱士及詩人的喜愛。著名的「楊柳岸，曉風殘月」，不僅道盡思念，細長低垂的枝葉也常用來當作朋友道別時的互贈之物，代表著友誼恆長，歷久彌新。人們亦喜於檐前屋後種植柳樹，做為懷念故鄉的象徵。

柳樹最適合在湖岸池畔生長，成為一種極美的水色風光，這種強大的象徵意義暗示我們，當一個人具有深度時，他的姿態是柔軟的，也是放下身段的，就像柳樹清新瀟灑的模樣。而且「無心插柳柳成蔭」，既說明柳樹生命力強，對任何環境擁有無與倫比的適應性，也有「無求自得」的意涵。

當一個人夠柔軟時，他的生存能力也會和柳樹一般強韌，同

時，又能呈現出柔軟的灑脫姿態，就像水，能夠流入任何地方，變成各種形狀，一滴水也能化為海洋，但你無法摧毀水，水要摧毀你時卻易如反掌。在情感方面，柳樹有別離的傷愁、離開故鄉之喻，所以也表示可能會有一趟新旅程，或去遠方開展新生。告別此刻並非情緣已盡，而是另一階段的再出發，這樣的告別將使你更學會珍惜現有的一切，放下無謂的面子和自尊，用更柔軟的心去對待愛你和你愛的人。

牌卡註解

Dear，你的心夠柔軟嗎？一顆柔軟的心不意味不堅強，相反的，愈是堅強，才會愈柔軟。同樣的，一個走很遠路的人，從峰頂下來的人，心也是柔軟的，因為他走過生命、見過世界，但他沒有占據在某個位置，變成自己的地盤，形成擁有的驕傲。

如果你知道，永遠無法擁有什麼，你就會變得柔軟，對別人更有同理心，也更放下身段，願意給予，願意接受，柔軟也代表一種臣服。你知道生命有限，相聚時短，不需礙於面子或矜持而錯失愛與被愛的時刻，因為清曉的微風與天際的殘月很快就會消逝。

關於柔軟，有一則故事是這麼說的，有兩位師父正在較量誰可以讓人先落淚，其中一名師父將弟子狠狠罵了一頓，批評他種種修行的不是，弟子被罵得滿臉通紅，眼眶含淚，卻硬是不讓淚水掉下來；接著換另一位師父上場，他拍拍弟子的肩膀，給他一個鼓勵的微笑，什麼話都沒說，弟子的眼淚立刻落下來了！柔軟的心能融化一切，讓頑石點頭。

這張牌提醒你，更柔軟去面對生命，更柔軟去悠遊人生，更柔軟去對待生命每一個人事物，柔軟的時刻，如同一泓湖水，楊柳垂岸，包含了深度與靜心的品質，就是一個人間隱士。

29 黑板樹
心靈能量：給予、付出

黑板樹

給予‧付出

圖片說明

有魔神樹之稱的黑板樹，像一個高大的燈架豎立在街頭，要為人們照明一般，所以也叫做燈架樹。來自高溫多濕的南亞，之所以被稱為黑板樹，是因為材質細緻鬆軟，散發微香，是做黑板的最好材料。

黑板，是老師教導學生時的書寫工具，透過黑板，老師傳授、教導著知識與內涵，培育學生，使之成長、成熟，進而發掘自己的才能，運用、發揮所學，豐富人生。

一個老師或說一個師父的給予與付出是無私、無我，更是慈悲，是站在一個更高的位置，一種引領的位置。就像其他夾竹桃科植物，黑板樹枝葉折損處會分泌有毒白色乳汁，不能輕易觸摸；如果你的給予和付出是基於自私和占有，並非純粹的愛，那

麼就會產生傷害。

　　黑板樹開花時會散發特殊的氣味，同時也是防止噪音的行道樹。有時為了讓弟子成長，避免外界噪音干擾，師父會適時呈現憤怒相，來一記當頭棒喝。但所有的目的，都是為了愛，所以不用擔心什麼，順應愛 —— 宇宙最高的指導原則，你的給予和付出，必然在燈架上開出一朵朵金色花朵。

牌卡註解

　　Dear，很多時候，我們的付出都是為了得到回報。又或者我們總會評估著、計算著有多少回報，才願意付出多少。就宇宙法則而言，這世界沒有所謂單向的付出，一切都是雙向的交流，不會只有單方面的施與受，就像一支回力鏢，射出後，最終必然會回到你的手中，所有的付出也都會有所回報。

　　但如果你真的覺得你沒辦法給太多，也沒有關係，你就給剛剛好的部分，重要的是無求，甚至連別人的一句「感謝」都不奢求。你也不是為了得到「善果」而給予，付出不是為了買一張通往天堂或淨土的門票，或為了下輩子會更好，有更多的福氣可以享用，那都是最次等的給予。真正的給予，就是給愛，在給予愛的同時，你也感受著付出的喜悅，這就是回報；同樣的，除了給予愛，你也要學會接受愛，因為愛是一種分享，當你給予愛，並接受愛，就會產生一種和諧的平衡。

　　當然，盲目地給予和無私地給予是不同的，寵愛與愛也是不同的品質，前者是建立在依賴與控制上，後者則是一種獨立與自由。在愛中的付出，會有一種真正的祝福，希望對方幸福快樂，因為愛不是占有，更不是滿足虛榮心，就像大自然滋養著萬事萬物，沒有為什麼，僅僅為了一隻蝴蝶飛舞的美麗而已。

30 小葉欖仁
心靈能量：敞開、打開內心

圖片說明

　　來自非洲的小葉欖仁，細長直挺的樹幹，向四面八方敞開的枝葉，與非洲一望無際的曠野風情，連成一體。

　　高達二十公尺的小葉欖仁，富有層次感的樹形，如同一支支雨傘舖疊而上，撐起一片廣大天空，故又有雨傘樹之稱。小葉欖仁耐鹽分，種子能夠漂流海上去到異國生根成長，這種四海為家、隨遇而安的開放特質，充分展現了小葉欖仁強韌的生命力。

　　一個願意打開內心的人，就是敞開的人，他的生命可以接受隨之而來的一切際遇，春天的微雨，夏天的涼風，秋天的冷霜，冬天的寒雪，都是獨一無二的人生風景，就算在難堪的景況中，敞開的人仍為自己撐起一片天空。就像小葉欖仁，冬季樹葉枯盡，春季新葉初發，夏季綠意盎然，秋季葉落紛飛，都有各種不

同的優美姿態。

　　這是因為敞開的人，他的內心是開放的，沒有被世俗限制，也沒有設下一道防線，他的城堡是開放的，與草原、大海連成一片。對他來說，一切都是一，一就是一切，所以他也能平等對待萬事萬物，因為他總是歸於內在的中心，那個一。

牌卡註解

　　Dear，很頭腦的人，內心是封閉的；很頭腦的人，一直很努力辛苦地學習，他必須用力地生活，掌控一切，否則就落入不安的情緒。

　　而一個靜心的人，他的內心是敞開的，他像是一顆漂浮海上小葉欖仁的種子，隨著潮汐，隨著海浪的推進，從一座島嶼來到另一片陸地，順著生命之流去到歸屬的所在，落入大地的泥土間，發芽成長，形成一棵遮蔽天空的雨傘樹。

　　所謂的敞開，就是打開自己，打開內心，沒有限制，也沒有預設。迎接每一道拍打上岸的潮浪，有時是千軍萬馬的波濤洶湧，有時卻是呢喃不已的細潮低語。不必擔心浪打來會捲去所有，只管放心去衝浪吧！生命沒什麼好損失，唯一損失的，就是不願經歷。

　　敞開，也意味著兩件事，一是接受，接受自己與生俱來的一切，也接受生命中所有的發生；二是不設限，也就是不預設立場與價值觀，不被限制性的信念被束縛，更不落入二元分別。

　　敞開，更是一種歸零，在零的每一刻，你都能有新的體悟和視野；同時，一個敞開的人，宇宙之門也將會為他開啟不一樣的天空。

31 竹子

心靈能量：謙虛、脫俗

圖片說明

　　無竹令人俗，竹子歷來象徵著清新脫俗，崇尚自然的簡約質樸，既是一首綠色之詩，也是一幅綠色畫軸，特別是竹子的中空外直，更是謙虛君子的代表。

　　竹子成長快速，一天內能成長一公尺以上，僅僅兩三個月即可形成一片蒼鬱世界，生命週期約三到五年，當衰老時，隨即開花枯死，往往是一片竹林一同開花而逝，老竹代謝後，新竹繼續創造綠色財富。竹子線條筆直，紋理清晰，蘊含清香，禪意典雅，被文人雅士賦予虛心有節的品格特徵，更有柔中帶剛、不卑不亢的淡泊氣度。

　　這張竹子牌卡，提醒你適度的謙虛與低頭，將為你創造生命的高峰，就算低潮或不如意，也是一時的，要有竹子放捨的精

神，如同布袋和尚的〈插秧偈〉：「手把青秧插滿田，低頭便見水中天。身心清淨方為道，退步原來是向前。」不要緊抓著世俗的成功不放，重要是身心清淨，才能享有竹子的清新脫俗之美。

牌卡註解

Dear，總有那麼多的自我，是為什麼呢？總是那麼多的要別人看見你、讚賞你，說你很棒，是為什麼呢？即使是求道，也是在修這個「我」，比別人更有境界，比別人更高尚、更快成就，是為什麼呢？說穿了，你的生命就是一直比較而已，所以你不會真實傾聽，你不懂真正的愛與分享，只想證明你比別人強。

好吧，那你就比別人強吧！那又怎樣，接下來你就開始批評，開始抱怨，開始瞧不起任何人，有時你以為自己很有同情心，事實上，你很驕傲，以為自己站在比較高的位置，給予他人施捨，你並沒有真正關心誰，你只關心自己。就算你閉了十年、二十年的關，你還是關在自我的驕傲牢房，不會解脫的，你永遠是個庸俗的市儈。

自我的人是自卑的，他不懂得臣服與謙卑。一個真正謙虛的人，就像筆直中空的竹子，他的內部是空的，空是一個空間，就像一個空的杯子一樣，可以允許生命的經驗流入，允許別人進來，最終允許愛進來。

如果杯子沒有空、一直那麼滿的話，那也無法裝任何的東西進來。無須刻意做出自以為是的脫俗之舉或自命清高。當頭腦擺脫自我的衡量計算時，從小我的處處希望被肯定、被看見，來到高我的無私與無我，從身體來到心靈，乃至靈性，你就是了！

32 相思樹

心靈能量：愛情、想念

相思樹

愛情・想念

圖片說明

在中低海拔的山林間，遍布著相思樹群，每年五、六月花季時，一大片金黃色小圓球毛絨花海，漫延在連綿不斷的綠色山巒間，形成壯麗的織錦詩篇，就像愛情帶來的動人場景。相思樹的種子呈黑色心臟狀，質地堅硬，象徵著永恆愛情，歷久彌新。

當愛人分離時，一根看不見思念的線，總是緊緊地拉住彼此。每個人都有一個愛情夢，在某一個特別日子，一切都很迷人，然後遇見了一位令人神魂顛倒的異性，帶領你去到一座祕密花園，開始所有的幸福。在一起時，你想念對方，不在一起時，你更想念。你的心和靈魂都隨之而去，除了那個人，再沒有所謂快樂的事。

但這個夢很短暫，把幸福的鑰匙交到那位我們一直尋找，以

為是我們靈魂伴侶的人手上，以為這樣的人出現就能拯救我們的靈魂，帶我們去到美好的所在，從此過著幸福快樂的生活，這只是我們的渴望，這份渴望來自於我們想回歸最初的源頭。

只是靈魂伴侶出現的意義並非如此，而是彼此協議好共同完成愛情的功課，從小愛的性、權力控制和占有欲，來到大愛的信任包容、寬恕原諒與無私支持，透過這些功課的完成，才是真正幸福的開始。

牌卡註解

Dear，經歷無數次的輪迴，我們和靈魂伴侶一起投胎轉世多次，透過連結與分享而產生共鳴，這些靈魂伴侶可能是過去世的配偶、父母、親人或朋友，也可能是敵人，但我們同意這一世共同來完成愛的功課，更進一步地成長，也許會透過失去、傷害、背叛、痛苦而讓我們體驗愛的本質和寬恕的療癒。

還有一種更上一層的靈性伴侶，叫做雙生火焰（雙生靈魂），他們的相遇是為了和神性連結，擴展大愛，並體驗無限的愛與無條件的付出，彼此扮演著靈魂進化的砥礪者，當遇見彼此時，不僅心靈相互提升，也可能在靈性上產生相通的共鳴。雙生火焰是獨立的兩把火焰，他們在這一世出現的意義，並非彼此依賴，而是共同承諾將愛與光散放給世界。

不論是靈魂伴侶或是雙生火焰，重要是一起經歷愛的這場課題，真正的愛不是為了滿足需要，而是豐富內在，並學會獨立、成熟、分享、參與，學習給予愛並接受愛、珍惜愛，經由愛而圓滿彼此的生命。

33 玉蘭樹
心靈能量：溫柔母性、撫平情緒

圖片說明

月光下，朵朵金色的玉蘭花含苞待放，宛如是大地之母溫柔的輕撫，陣陣清淡花香，令人聞之舒心，心曠神怡，所有擾人的情緒一時間都被淨化了！

一個母親擁有全世界最強的愛的力量，保護著孩子，孕育著孩子，為孩子付出自己，甚至犧牲自己。而這種愛，是溫柔的，是無私的，更是包容的，看似柔弱的玉蘭花，正擁有這樣的大地之母溫柔之愛的療癒品質。

玉蘭，又稱為「吉祥樹」，當整個樹欉結滿無數潔白花苞時，就像千百個白玉小酒杯矗立枝頭，呈現「金玉滿堂」的吉祥之相。花開時的芬芳，幽香似蘭，所以叫做「玉蘭」。因為香氣清新宜人，一直深受歡迎，特別是古早年代的婦女，喜歡將玉蘭

花插在髮髻，做為裝飾，或者別在衣襟上，溫柔舒服的香味總是讓人精神愉快。

玉蘭樹擁有強健的根部，生長也很旺盛，一如大地之母所具備的豐沛生機，孕育一切生命。這張牌，喚醒你溫柔的女性能量，平衡過多因掌控與計畫所帶來的男性能量，也提醒你生命不是來解決問題，而是分享愛與支持。學習用一個溫柔母親無防衛的方式，去面對你的處境和他人，你將有更深刻的理解與洞見。

牌卡註解

Dear，這個時代太快速，而且也太競爭，太充滿男性的陽剛能量，甚至女人也變成了男人，而失去了溫柔緩慢的女性能量，每一個人都要努力去證明自己，去爭取一切，而失去了享有，失去了悠閒。捷克有句諺語：「悠閒的人，是在凝視上帝的窗口。」很多人花了一輩子在追求，卻發現忙於追求整個世界，但失去了自己。

世界變得更快，我們的心就要變得更慢，慢活著，打開自己內在的玉蘭花，讓那一縷溫柔幽香，穩定世界的波動，當一個男人打開了女性能量，讓男性能量與女性能量得到平衡，他就能抵達，不管是生命的源頭，或是生命將前往的地方。一個師父除了擁有男性的金剛心，也擁有女性的慈悲心。

西藏有一句充滿祝福的問候語，在每次與人見面時，彼此都會互道：「扎西德勒。」「扎西德勒」意思是「吉祥如意」，也可以翻譯成「扎喜得樂」，一個人時時在舒服愉悅之中，一切就是吉祥如意。溫柔的玉蘭也是吉祥、愉悅，當你擁有溫柔的女性能量，自然而然能以吉祥、愉悅的心去撫平、感染他人，就能得到無比的快樂。

34 山茶樹
心靈能量：自信、信任

圖片說明

　　花姿豐盈，端莊高雅，使山茶花躍升為世界名花及中國傳統十大名花之一。同時又具有像梅花一樣「唯有山茶殊耐久，獨能深月占春風」的傲骨，以及牡丹般「花繁豔紅，深奪曉霞」的鮮豔。中國唐宋時朝，山茶花造成萬人空巷，是貴族們附庸風雅的名貴花木，十七世紀傳入歐洲後，也轟動一時，成為世界名花。

　　那是因為山茶樹帶有一種自信，雖然樹形不特別高大，為常綠闊葉灌木或小喬木，但花姿綽約，花色鮮豔，散發著獨特自信的光芒。

　　自信不是自負、驕傲，也不是自我，自信是一種對自己的信任，信任自己是完整的，有能力做到，願意去發光發亮，自己欣賞自己，也可以被人欣賞；信任自己被宇宙照顧得好好的，有愛

94

與被愛的能力，不管發生什麼事都是有意義的，都願意平靜地接受與臣服。

如果你心裡，還有一口不服輸的氣，還有想我就是要得到的執著，你為此所做的一切努力或建立的信心，都會讓你很辛苦，這不是真正的自信與信任，這是逞強，自信是全然地放鬆、全力以赴，但不問結果的，自信是一種無為的生命態度，一個自信的人也是真正愛自己、愛別人的人。

牌卡註解

Dear，總有許多人渴望認識上帝，看見宇宙，但怎樣都遍尋不著。經驗神蹟是每一個人的夢想，但是我們總是太頭腦了，頭腦的思考是有限的，而神的境界是無限的，頭腦總是擅於評斷，自以為很懂得一切，但存在卻是無法度量的。

你必須學會信任，信任自己是完美的、是值得的，信任你是一個更高的靈，也信任造化的安排，所有事情的發生，遇見的人，特別的遭遇，都是為了幫助你抵達。如果你夠信任，你對自己將充滿了自信，你會用孩子的眼睛和好奇的心，去感受整個世界，探索它的神祕，而不僅僅停留在金錢、生存、物欲和關係的問題上。

你不再用世俗的價值觀去衡量一切，因為你將捕捉到這整個存在，所要揭露給我們的本質，是如此純淨清澈，就像晶瑩通透的水晶一般。於是，這一刻具足了所有的圓滿，你所有擁有的一切都已經足夠了！你的焦點不會放在失去的，而是放在你得到的，這就是山茶花的魅力，山茶花的圓形造型，就是一朵朵的圓滿花，你不必急著再追尋什麼，只管在這一刻好好綻放著你自己，進而願意為了幸福去圓滿一切。

35 麵包樹
心靈能量：物質、滿足

麵包樹

物質‧滿足

圖片說明

　　當年，玻里尼西亞人帶著麵包樹的根插，搭上船去世界各地探險，當沒有食物時，他們就把麵包樹種植在某個海島上，四或五月開花，七月中時果實已經慢慢成熟，可以拿來做為食物。麵包樹的果實吃起來就像麵包一樣，肉質疏鬆甜美，且含有豐富的澱粉，具有飽足感。

　　於是，這原產於馬來群島熱帶地區的主食作物，逐步風行世界，一棵麵包樹一年可結兩百顆果實，粗而輕軟的木材也可以用來造屋及獨木舟。在台灣，據說是阿美族祖先乘著小木船，漂洋過海帶回種子，並在台灣東部開始種植，再流傳全台。

　　麵包樹的飽足感代表著一種由外而內的滿足，身體安頓好了，心靈也跟著平靜下來，而有更進一步的靈性擴展。身心靈的

平衡是一體的，有時從身體來到心靈，有時是從心靈的改變，進而解除身體卡住的能量。瑜伽的鍛鍊即是從身體到心靈，而靜心則是從心靈到身體。

這張牌，也代表著近期在有形或無形的財富上會有豐收的機會，同時也要有知足感恩的心，感謝自己所有擁有的，宇宙將獎賞你更多。

牌卡註解

Dear，愛情與麵包，你選擇了什麼？又或者，理想與麵包，你決定了什麼？很多時候，麵包代表了現實、生存與物質的需要，如果沒有滿足最基本的生存需要，如何實踐理想、成就愛情？

這是一種古老的思維，也限制你的心，事實上，愛情與麵包、理想與麵包都是可以兼具的，如果你認定它可以，你的心念就會帶你達成，整個宇宙也會來協助你。特別是這個愛，如果是更大的愛，這個理想，如果是更大的無私服務，那麼你不用擔心物質匱乏的問題，因為整個宇宙都是能量的波動，當你的慈悲與付出這個能量流出去了，回饋你的，必然是財富。同時，一顆滿足的心也必定是一顆富足的心，它能吸引豐盛之流。

在此，你必須立下一個承諾，關於工作的承諾，你願意更遵從內在的誠實去選擇一個讓你發揮所長的工作，這個工作也能啟發你的才華，幫助你成長，你願意在工作中努力以赴，不虧欠這份工作。工作不僅僅是完成，而是幫助我們靜心，當你用靜心的方式去工作時，你的工作將呈現完全不一樣的品質，將為你帶來快樂與成就。

如果你的工作是幫助我們讓這個世界愈來愈好時，不管它有多渺小，當做對的事時，必定會為我們帶來豐足的財富。

36 茶樹

心靈能量：禪、一期一會

圖片說明

　　中國是世界上最早種茶、製茶、飲茶的國度，雲南一帶千年的古老大茶樹，見證著茶的歷史。

　　對禪宗而言，一碗茶，不僅僅蘊藏著豐富的養分，也蘊含所有的生命滋味，茶就是禪，禪就是茶，飲茶就是進入一段侘靜的禪茶時光。所以喝一碗茶，必須全然投入，因為每一口茶皆是獨一無二的，並隨其濃淡、時間與溫度而瞬息萬變，喝起來也巧妙各不同。

　　喝茶是放鬆的，有品味的，且優雅從容的，更是用心的，打開所有感官，去體會茶道精神，握著茶碗感受溫度，傾聽茶水注入的音聲，看著茶湯，聞著茶香，再細細品嘗入口的味道。這就是禪茶的意境，帶著覺知，透過一片茶葉的訴說，回到茶初生時

那一棵樸實的茶樹，橢圓形葉片，五瓣白花，在大自然間吸取天地、陽光、雨露的滋養，生生不息。

　　日本茶道中，更有一期一會的深刻意涵，事物稍縱即逝，每一秒都是無常，一期一會的相遇和相聚，道出因緣和合與因緣難得的佛教真理，所以把握此刻，共結善緣，把這一次當做最後一次而珍惜著也許不可能再的因緣，如此就算以後因緣滅了，不再了，也因為共同的珍惜和把握，而未曾留下遺憾。

牌卡註解

　　Dear，喝茶是多麼容易的事，茶就像伴侶一樣融入了我們的生活；但是你曾認認真真、仔仔細細花半個小時，專心喝一碗茶嗎？就像每天都會見到的丈夫、妻子，時間久了，當初的親密也隨著時間而感到膩了、煩了！

　　那些拈花微笑的老禪師，總捧著一碗茶，悠然地對著愛胡思亂想、追逐妄念的弟子們一記當頭棒喝：「喫茶去！」就是要你實際體驗禪道，活在當下好好去品嘗此刻生命的經驗，不管開心也好，生氣也罷，那些情緒與感受都是一時的，放下內在的分別心，重新用第一次的心情去品嘗茶的滋味，濃淡深淺，都有它無與倫比的、屬於這一刻的華麗，所以喝茶是有生命的，有機的。

　　有的茶內斂柔和，有的茶熱情濃郁，有的茶回甘無窮，不管什麼茶，都帶著一份好心情去細細品味，時間太短，人生太快，一碗茶才經歷一秒的沉澱，就不是原來的那一碗。不要輕易嫌棄你手中的這一碗茶，每一碗茶都是萃取日月精華的天地能量，也是茶農、採茶女和製茶師的聯手禮獻，生命絕不是孤島，唯有心存慈愛與尊重，才是飲茶人最高層次的茶道藝術。

37 福樹

心靈能量：大方、福氣

圖片說明

福樹因為十字對生橢圓俐落的葉形，和日本古時的小判錢幣相似，被賦予迎財納福的討喜象徵，故稱之為福樹。

福樹小的時候，樹形簡單直挺，看上去有點呆呆可愛的樣子，但到了大樹時，擴展開來的枝椏，則呈現一種雍容華貴且落落大方的氣質。

這給我們一種提示，一個有福氣的人，必定是一個寬容豁達且器量大度的人，他不與人計較，能夠給予，更能包容別人，就像彌勒佛一樣，大肚能容，開口常笑，不為世間的七情六欲及是是非非所牽動。是的，一個人要有福氣，也必須笑口常開、和氣生財，更要從行善布施、隨喜他人開始，耕種自己美麗的福田。

這張牌提醒你，創造你的福氣，就從大方開始，不一定給予

別人錢財才是，給予溫暖、友誼、微笑、支持，願意接受、原諒、寬恕、放下，你的福氣就會滾滾而來。

牌卡註解

Dear，一個傻瓜是最有福氣的，就像俗話說的：「傻人有傻福。」

一個傻瓜，是圓滿具足的人，對他來說，所擁有的一切都夠了，愛與被愛，給予與接受，身分與地位，甚至修行的位置，沒有「更多」的目標和「我不夠」、「我還少什麼」的憂慮和抱怨，他是全世界最有錢的人，因為他是無需的。

一個傻瓜，可以去冒險，可以失去，可以去淋雨，可以被說笑，可以帶著一股傻勁去到天涯海角和喜馬拉雅山，世界上沒有地方他不能抵達，因為他不會被欺騙給打擊，不會被羞辱給毀滅，不會被是非給打擾，他創造出一個神聖的空間，光與愛的空間；在這個空間中，他成為了神。這個神聖的空間，就像印度《吠陀經》中的一段梵咒所述：「那是圓滿的，這亦是圓滿的；這圓滿來自於那圓滿；將圓滿減去圓滿，剩餘的仍是完整的圓滿。」

一個傻瓜領略了一切本就具足的零極限，超越時間與空間的束縛，直入圓滿的宇宙實相，所以他沒有需要再得到什麼，也沒有可失去的，他是全世界最有福氣的人。當你陷入於某種苦惱時，告訴自己，做一個傻瓜吧！帶一點傻瓜的精神與態度，超越得失之間，你會更有福氣的！

38 橄欖樹

心靈能量：淨化、復甦

橄欖樹

淨化・復甦

圖片說明

橄欖樹是雅典娜女神成為希臘雅典守護神的關鍵，雅典娜以代表和平和智慧的橄欖樹獻給希臘子民，希望他們永遠幸福；而聖經故事中，也將橄欖的樹枝視為大地復甦的標誌，西方國家不約而同都把它當作和平的象徵。當淨化了所有的負面念頭和情緒，包括輪迴的業力障礙，和平自然就會生起。

橄欖樹最珍貴的，就是果實（Olive）榨製成橄欖油，特別在西方世界地中海一帶，自古以來，橄欖油不僅是調味食物的油品、燃料、藥膏，也運用在各種宗教儀式中，被稱為液體黃金。

橄欖油不但能改善健康，也能使食物更加美味。初榨充滿香氣的橄欖油，富含不飽和脂肪酸，完整充分地保持營養成分，能淨化心血管，降低膽固醇，並保護消化道，維生素 E 和多酚更具

抗氧化功能。古希臘和羅馬人很早就用橄欖油摻加草藥，清潔並滋潤肌膚。

在歐洲盛行一種最古老的自然療法「橄欖油淨化排毒法」，每天早晚將一湯匙橄欖油含在嘴裡五分鐘後漱口吐掉，據說能代謝掉殘留的重金屬、病菌和毒素。這就是橄欖樹無比神奇的淨化與復甦之妙。

牌卡註解

Dear，生命是一個淨化的過程，累世的印記、世俗的污染，以及負面的情緒，使我們身體的某個部位儲存了多餘的能量而被卡住了，甚至產生疾病，透過淨化，放空自己，把多餘的能量釋放掉，我們的身體、心靈和靈性，也慢慢復甦，恢復生機，重新開始成長、前進。

我們每一個人都是一個小宇宙，整個宇宙即是光和振動。是遮蔽的雲，讓我們看不見內在宇宙的天空，只要把雲拿掉，天空一樣是天空。淨化，就是拿掉雲的過程。我們的內在要轉化，命運要改變，一定要先從淨化自己開始。佛教有句話：「諸惡莫做，眾善奉行，自淨其意，是諸佛教！」也就是多做好事，不做壞事，每一個念頭都保持清淨，就是佛教的真諦，這也正是所謂的淨化。

淨化從外在的打掃，到內心的打掃，都是在去除有形、無形的染污，所以一個僧侶的修行也一定從打掃開始，藉由拂去外在的塵埃，進而祛除內在的煩惱，滌洗心靈。

這張橄欖樹卡不僅提醒我們淨化的重要，同時也具有強大的淨化能量，試著將它貼在你的心輪，感受它將你此刻所憂慮擔心的一切，一層層地淨化褪去，你的心將再度充滿了純淨。

39 流蘇
心靈能量：潔白、靈性

圖片說明

　　四月下起了一場雪，那是流蘇一整片白色如墜、倒披針形般的花開如覆雪。古老的服裝設計師，從流蘇花得到了靈感，將之成為點綴服裝的裝飾，就稱之為「流蘇」。

　　白色是純潔的象徵，目睹整樹流蘇花開的那份被雪白震撼的盛況，其實就是喚醒我們每一個人那一份聖潔之光。那份聖潔的光，即是靈性的呼喚。從身體的滿足到心靈的提升，靈性是我們此生最後要去達成的部分，也是我們終極的渴望。

　　流蘇花小小的白色翅膀，散放著白色之光，既美麗而優雅，這也是關於愛的翅膀，如何去痊癒自己靈魂的故事，記住，這一世你選擇好的劇本並演出，有一個很大的意義就是透過療癒了自己的靈魂，進而成為聖潔的高靈。這一刻起，你已經準備好了要

踏入靈性的成長之路，不要畏懼或退卻，靈性之路並不是讓你成為一個道德家，而是讓你更明白自己，你是誰，誰是你！

牌卡註解

Dear，白色並不是沒有顏色，而是紅橙黃綠藍靛紫所有顏色的總和，白色代表著真摯與純潔，我們的生命從一張白紙開始，塗滿各種顏色後，諸事歇息，又成為了白。

這就像靈性的追求一開始是「見山是山」，然後是「見山不是山」，最後又回到「見山是山」的境界，但這時的「見山是山」和一開始又有很大的不同，那是經過經歷後、沉澱後的「是，我知道了！」、「是，我明白了！」

我是誰，誰是我，這是每一個人來到這個世界內心的大哉問，我除了是這個名字，這個身分，這個性別，這個性格，這個價值觀的認同，這個社會地位，真正的我是什麼呢？

靈性追求之路，是一條回歸真實自我的旅程，它讓我們明白除了這個身體，這個認同以外，我們更是一個潔白高雅的靈魂。靈性的追求，也是每一個人內在的渴望，當你吃遍了美食，看盡了風景，賺滿了財富，談過了戀愛，養足了自尊，贏得了權力……，忽然你會來到一個空虛的位置，這不是真正的生命目標。這也意味著，通往靈性道路的大門已經為你打開。

這張牌喚醒你的靈性意識，協助你記起你的本質，經常保持著純潔的意念，不要那麼複雜，你將來到一個全新的靈性地帶，你的守護天使也將引領你前進。

40 筆筒樹

心靈能量：飛躍、揚昇

筆筒樹

飛躍・揚昇

圖片說明

　　低海拔森林常見的筆筒樹，伸開它美麗的大翅膀三回羽狀複葉，在森林的山岩邊緣朝向陽光生長著，這是地球遠古時代殘留至今的樹形蕨類植物，帶著古老的宇宙訊息存在至今，被譽為植物界的活化石。

　　其樹幹的截面呈橢圓形，葉柄則蜷曲如蛇形，直立高大的莖幹，最高可超過十公尺，莖幹下半部密布層層的氣生根，削下後稱為蛇木，被用來栽培蘭花。

　　在瑜伽中，第一脈輪（能量中心）「海底輪」下方，也就是人體脊椎的末端，是亢達里尼（Kundalini）能量的棲身處，這個能量符號就是一條蜷曲的蛇，又稱為「靈蛇」，當這條沉睡的靈蛇被喚醒時，從第一脈輪來到第七脈輪頂輪，代表著意識的覺

醒，亢達里尼能量是賦予萬物生機的力量，也意味著靈性成長的飛躍與提升。

這張筆筒樹卡，具有強大的靈性力量，它的葉形就是大天使的象徵。大天使是無條件的愛與守護，這也代表你已經準備好了離開小我，進入大我的階段，你的愛不僅僅獻給自己、所愛的人，還有更多需要的人，你已經是一個天使、菩薩了！

牌卡註解

Dear，讓自己飛，是一件多美的事。以致飛行時，你都不願降落，都想一直在天上飛。那就找回你的翅膀吧！我們每一個人都是掉落人間的精靈，都在尋找失落的翅膀，當找到了翅膀之後，我們就成為天使，飛回屬於靈魂真正的家。

很多時候，我們無法指認出屬於自己的翅膀，它被隱形起來，甚至被包裹在生命的創傷中，痛苦的經驗裡。我們每一個人都不願面對讓我們感到厭煩的部分，都想逃避令人疲倦的關係，以及重複單調的日常生活，煉金術士點石成金的能量轉換，就是把生命的傷口，轉化為飛躍的動力。同時，你的焦點不應該放在困難麻煩的部分，而應該放在自我茁壯的部分；不是放在利益計算的部分，而應該放在學習成長的部分。

留心觀察你的心靈導師與靈性指導靈即將出現，謹記真正的揚昇之道一定是和愛有關，而且也能夠運用到生活上，並且是一條每一個人都可以踏上的旅程。同時，不要進入頭腦的學習，而是要化為真實的經驗，從「我生存」（I live）到「我是」（I am）的揚昇之道，你將成為一條褪去舊皮的靈蛇，更新自己，埋葬過去，啟動嶄新的創造力和生命力。

0 黃金樹

心靈能量：成為自己、終極的追求

圖片說明

　　0是無限，是無極，宇宙萬物之本源，一切空間與時間的總合。我們從宇宙而來，回歸於宇宙，整個宇宙都是由波動與光構成，也就是能量與愛。在光之中，有一棵奇妙的黃金樹，與宇宙本源的生命能量緊緊相連，流動著源源不絕的光與愛，閃爍著金色永恆的光輝。

　　這一棵神祕的黃金樹，就生長在我們每一個人心間的祕密花園，當我們與之連結，同時也是和整個宇宙的生命能量連結。當我們與之連結時，我們愈來愈明白自己，愈來愈能做自己，也愈來愈成為自己，那個最終極的自己。

　　我們花一輩子在成為別人，把自己縮在一個價值觀的框架裡，讓我們掉入虛假的追求，但有一天，當你與這棵黃金樹融為

一體時，你將明白原來你就是宇宙，你就是萬物，所有的生命都與你息息相關，無二無別。你回到了真實的家，敞開胸懷，分享交流，超越時空束縛，每一刻都是喜悅，都是充滿光與愛。而原來你自己就是光與愛，你不必再外求其他，你用自己的光來解脫痛苦，用自己的愛得到快樂，這棵黃金樹是你，你是這棵黃金樹，金色的光流入你，淨化你，燦爛且發亮，你不必再尋找生命的寶藏，你就是全世界最珍貴的寶藏！

牌卡註解

Dear，擅於天地連結的悟道者明白一件事，那就是：我就是山巒，我就是河流，我就是礦石，我也是天空的星辰！我喝的不僅僅是一條河的河水，而是整條河流流進了我，我成為了那條河。

這就是最終極的追求，無上的圓滿。身體的我，心靈的我，靈性的我，乃至宇宙萬物的我，都是我！當來到這個位置時，淨土與天堂就在你身旁，你不僅僅進入了上天的大門，也得到大地的支持，天地人和諧合一，七彩的虹光合為白光，無所障礙地穿越所有萬事萬物，同時可以影響過去、現在、未來，也不再受懊悔、欲望、希望所束縛。

這一張黃金樹卡是心靈樹卡中的師父卡，它代表著回歸你的內在中心，讓你的內在師父引領你前進，整個宇宙都在支持你，協助你通往回家的道路上，打開你內在的眼睛和覺知，接收宇宙的訊息，順著宇宙的訊息而行，這是一條關於愛與療癒的道路，透過黃金樹療癒了你，你也將療癒其他的生命。

每一次當你失去力量無法前進時，別忘了，回到黃金樹下，讓它滋養你，補充你的能量，也讓它的明光指引你前往該去的方向。

國家圖書館出版品預行編目 (CIP) 資料

心靈樹卡：療癒‧靜心‧占卜／鄭栗兒 著
——二版——臺中市：好讀出版有限公司，2023.06
面；　公分——（心天地；2）

ISBN 978-986-178-662-9（平裝）

1. 占卜 2. 心靈療法

292.96　　　　　　　　　　　　112005831

好讀出版

心天地 02

心靈樹卡：療癒‧靜心‧占卜（新版）

作　　　者／鄭栗兒
牌卡繪製／尤淑瑜
總 編 輯／鄧茵茵
文字編輯／簡伊婕、劉恩綺
美術編輯／曾子倢、賴維明、幸會工作室、王廷芬（內頁編排）
行銷企畫／劉恩綺、王珉嵐（專案行銷）
發 行 所／好讀出版有限公司
407 台中市西屯區工業 30 路 1 號、407 台中市西屯區大有街 13 號（編輯部）
TEL:04-23157795　FAX:04-23144188
http://howdo.morningstar.com.tw
（如對本書編輯或內容有意見，請來電或上網告訴我們）
法律顧問／陳思成律師

讀者服務專線：02-23672044 / 04-23595819#213
讀者傳真專線：02-23635741 / 04-23595493
讀者服務信箱：service@morningstar.com.tw
晨星網路書店：http://www.morningstar.com.tw
郵政劃撥：15060393（知己圖書股份有限公司）

二版／西元 2023 年 6 月 15 日
初版／西元 2014 年 12 月 15 日
定價／750 元
如有破損或裝訂錯誤，請寄回 407 台中市西屯區工業區 30 路 1 號更換（好讀倉儲部收）

Published by How Do Publishing Co., Ltd.
2023 Printed in Taiwan
All rights reserved.
ISBN 978-986-178-662-9

讀者回函

只要寄回本回函，就能不定時收到晨星出版集團最新電子報及相關優惠活動訊息，並有機會參加抽獎，獲得贈書。因此有電子信箱的讀者，千萬別吝於寫上你的信箱地址

書名：心靈樹卡：占卜・療癒・靜心

姓名：＿＿＿＿＿＿＿　性別：□男 □女　生日：＿＿年＿＿月＿＿日

教育程度：＿＿＿＿＿＿＿＿＿＿＿＿＿＿＿＿

職業：□學生 □教師 □一般職員 □企業主管
　　　　□家庭主婦 □自由業 □醫護 □軍警 □其他＿＿＿＿＿＿＿

電子郵件信箱（e-mail）：＿＿＿＿＿＿＿＿電話：＿＿＿＿＿＿＿

聯絡地址：□□□＿＿＿＿＿＿＿＿＿＿＿＿＿＿＿＿

你怎麼發現這本書的？

□書店 □網路書店（哪一個？）＿＿＿＿＿＿＿＿ □朋友推薦 □學校選書
□報章雜誌報導 □其他＿＿＿＿＿＿＿＿＿＿

買這本書的原因是：＿＿＿＿＿＿＿＿＿＿＿

□內容題材深得我心 □價格便宜 □封面與內頁設計很優 □其他＿＿＿＿＿＿

你對這本書還有其他意見嗎？請通通告訴我們：

＿＿＿＿＿＿＿＿＿＿＿＿＿＿＿＿＿＿＿＿＿＿＿

你買過幾本好讀的書？（不包括現在這一本）

□沒買過 □ 1 ～ 5 本 □ 6 ～ 10 本 □ 11 ～ 20 本 □太多了

你希望能如何得到更多好讀的出版訊息？

□常寄電子報 □網站常常更新 □常在報章雜誌上看到好讀新書消息
□我有更棒的想法＿＿＿＿＿＿＿＿＿＿＿＿＿

最後請推薦五個閱讀同好的姓名與 E-mail，讓他們也能收到好讀的近期書訊：

1.＿＿＿＿＿＿＿＿＿＿＿＿＿＿＿＿＿＿＿＿

2.＿＿＿＿＿＿＿＿＿＿＿＿＿＿＿＿＿＿＿＿

3.＿＿＿＿＿＿＿＿＿＿＿＿＿＿＿＿＿＿＿＿

4.＿＿＿＿＿＿＿＿＿＿＿＿＿＿＿＿＿＿＿＿

5.＿＿＿＿＿＿＿＿＿＿＿＿＿＿＿＿＿＿＿＿

我們確實接收到你對好讀的心意了，再次感謝你抽空填寫這份回函

請有空時上網或來信與我們交換意見，好讀出版有限公司編輯部同仁感謝你！

好讀的部落格：http://howdo.morningstar.com.tw/

好讀的臉書粉絲團：http://www.facebook.com/howdobooks

好讀出版有限公司　編輯部收

407 臺中市西屯區何厝里大有街 13 號

電話：04-23157795-6　傳眞：04-23144188

沿虛線對折

購買好讀出版書籍的方法：

一、先請你上晨星網路書店http://www.morningstar.com.tw檢索書目
　　或直接在網上購買

二、以郵政劃撥購書：帳號15060393　戶名：知己圖書股份有限公司
　　並在通信欄中註明你想買的書名與數量

三、大量訂購者可直接以客服專線洽詢，有專人爲您服務：
　　客服專線：04-23595819轉230　傳眞：04-23597123

四、客服信箱：service@morningstar.com.tw